온전한 아름다움을 위한

장자
예술철학

— 온전한 아름다움을 위한 —

장자
예술철학

송현주 지음

■ 차례

제1장 | 서 론

1. 연구 목적

본서는 오늘날의 예술은 무엇인가에 대해 알아보기 위해, 『장자(莊子)』에 나타난 '자연(自然)' 개념으로 심미적 관점의 한계와 극복방법을 살펴보고자 한다. 본서는 오늘날 다양한 형식과 매체로 마주하는 예술작품을 어떻게 바라보고 어떠한 가치를 발견해야 하는지에 대한 물음으로 출발하였다.

예술작품을 바라보고 가치를 발견하는 과정을 심미적 행위, 혹은 심미적 과정이라고 할 수 있는데, 이러한 심미적 특징은 사물과 사태를 인식하는 방법에서 드러난다. 인식의 경우는 『장자』에서는 사람과 자연의 합일을 실현시키려는 방식이 심미적이라고 하는데, 이것을 "감성과 의미를 지닌 정신적 활동"[1]이라고 말할 수 있다. 이러한 정신 활동은 예술작품을 창작하거나 감상하면서부터 시작된다. 그렇기에 '심미적'이라는 뜻에는 "감상하고 지각하며, 향유하는 경험"[2]을 내포하고 있다.

---

1) 왕카이, 신정근·강효석·김선창 공역, 『소요유, 장자의 미학』, (서울: 성균관대학교출판부), 2013, 18쪽 참고.

그렇다면 왜 예술을 심미적으로 보아야만 할까? 예를 들면, 예술 행위자는 a를 표현했다 치더라도 감상하는 사람들의 내재된 경험은 모두 다르다. 이 때문에 a를 표현한 사물을 보고서 우리는 b, c, d......라는 다양한 관점을 내어놓는다. 저마다 다른 관점은 "하나의 경험"[3])에 의해 비롯된다고 할 수 있다. 그러므로 "하나의 경험"은 무엇으로 고정된 개념이 아니다.

예술작품을 사물이라고 가정해보자. 예술(작품)이라는 것은 시간성을 내재하고 크게는 동시대를 대표할 만큼 당대성을 지니고 있어 시대와 장소에 따라 다른 의미를 지니고 있다.

작자미상, <빌렌도르프의 비너스>, 석회암,
약 11cm, 기원전 25,000~20,000

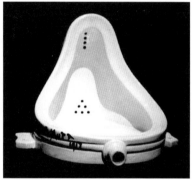

Marcel Duchamp, <샘>, 변기, 1917

---

2) 존 듀이, 박철홍 역, 『경험으로서 예술 1』, (경기: 나남), 2016, 110쪽 참고.
3) 덧붙이면 경험은 듀이에 의하면 세 가지로 분류할 수 있다. 첫째는 지극히 평범한 현재이며 인식할 수 없는, 단순히 존재하는 자체로서의 '일상적 경험', 둘째는 직접 겪은 일로서의 '실천적 경험', 셋째는 실천적 경험이 지속적으로 지각되는 '지적인 경험'이다. 이렇게 분류한 가운데 듀이는 이 세 가지를 총체적으로 "하나의 경험"이라고 말한다.

우리가 서적으로 흔히 접할 수 있는 작품들로 설명하자면, 예술의 시간성은 <빌렌도르프의 비너스>를 예로 들어 이해가 가능하다. 빌렌도르프의 비너스가 기원전 25,000~20,000년에 다산을 상징하는 주술적 의미에서의 하나의 사물이었다면, 21세기에 와서는 한 시대의 '미(美)'를 대표하는 예술품이라고 알려져 왔다. 마르셀 뒤샹(Marcel Duchamp, 1887~1968)[4])의 <샘>도 유사한 관점에서 볼 수 있다. 역사적으로 살펴보면, 기성품은 결코 예술이 될 수 없었다. 하지만 현대에 와서 <샘>은 예술이라고 불린다. 이렇듯 한 시대를 기록하고, 가치가 변하여 예술이라는 지위를 갖게 된 매체를 과연 어떻게 정의 내릴 수 있을까?

시대적으로 살펴보자면, 고대 후기 구석기시대는 예술품으로 꽃피는 시기이자, 매우 추웠던 기후조건 아래 인간의 활동이 제한되었던 때라고 추측한다.[5]) 또한 빌렌도르프의 비너스는 문화시기에 따라 양상이 다른데 연구에 따르면 기후의 영향을 많이 받았다고 전해진다.[6]) 20세기는 어느 시대보다 많은 변화가 신속하게 이루어졌고 이러한 변화들은 곧바로 예술에 반영되었다. 특히 제1차 세계대전 이후 예술의 혁명이 일어나 급변하는 세계의 상황들이 예

---

4) 프랑스 태생의 미술가로, 미의 개념을 새롭게 정의하였고, 기성품을 활용한 '레디메이드'의 창시자이기도 하다. 마르크 파르투슈, 김영호 역, 『뒤샹, 나를 말한다』, (경기: 한길아트), 2007, 참고

5) 선행연구논문을 살펴보면, 지질학상의 연대편년으로 가름하여 후기 구석기시대 문화가 전개한 시기는 마지막 빙하기에 속한다고 말하고 있다. 또한 예술품이 많이 발견된 이유는 기후변화로 인해 생활이 바뀌고 도구 사용이 빈번해지면서 환경의 열악함(인간 활동의 제약)을 이겨내기 위해 신앙으로써 만들어진 여러 조각품들이 많이 나타났기 때문이다. 한창균, 「프랑스 후기 구석기시대의 사회와 예술」, 『박물관기요』, 제1집, 단국대학교 중앙박물관, 1986; 배기동, 「한반도 후기 구석기 공작의 기원과 편년의 문제점」, 『아시아문화연구』, 제16집, 경원대학교 아시아문화연구소, 2009; 성춘택, 「한국 후기 구석기 유적의 시간층위 재고」, 『한국상고사학보』, 제46집, 한국상고사학회, 2004.

6) 조태섭, 「여인상의 변화로 본 유럽 후기구석기시대 사람들의 미의식」, 『백산학보』, 제108호, 2017, 7쪽과 23쪽 참고.

술 형식에 반영되어 다양한 예술의 형태로 나타나게 된다.[7] 선진 시기 특히 장자가 활동한 전국시대는 다양한 사상들이 인간과 세계에 대한 상이한 해석과 이해들을 제공하였다. 또 사회 생산력의 급격한 발전이 점차 물질적 요구와 이해관계의 충돌을 빚어냄으로써, 개인과 개인 또는 집단과 집단 간에 치열한 투쟁을 일으켜 국가들 간에 크고 작은 전쟁들이 지속되었다.[8] 이러한 세 시기의 공통점은 인간의 삶에 외부의 고통이 전해져 인간의 정신을 해체시키는 데에 있다고 할 수 있다.

그렇다면 '심미적 관점'은 무엇일까? 앞에서 "감상하고 지각하며, 향유하는 경험"이라고 언급하였는데, 언뜻 개인적이며 주관적인 경향이 두드러진다. 주관이란 개개인이 다른 관점을 지니는 것으로, 시비의 오류를 범할 수 있게 된다. 장자는 미추(美醜)도 시비(是非)도 자연(自然)이라는 큰 관점에서 보면, 모두 미미한 차이일 뿐이며 인간들이 지니는 편견이라고 말하였다. 이에 필자는 본서에서 정의한 심미적 혹은 심미적 관점은 '편견 없는 시각'이라고 할 수 있겠다. 이러한 해결의 실마리는 『장자』에서 제공하며, 그중 '자연(自然)' 개념이 심미적인 관점과 동등한 위치를 점한다고 생각되었다. '자연'은 가변성을 지녔을 뿐만 아니라, 빠르게 변화하는 오늘날의 예술[9]을 경험하는 데에 필요한 개념이라 여겨진다. 때문에 장자의 사상을 뒷받침하여 심미적 관점의 한계와 극복을 논의하고자 했다.

---

7) 이지은, 「Marcel Duchamp 예술의 解體的 特徵 硏究」, 성균관대학교 박사학위논문, 2014, 23쪽 참고.

8) 송영배, 『고대중국 철학사상』, (서울: 성균관대학교출판부), 2014, 189~190쪽 참고.

9) 본서에서의 예술은 미술과 같은 'art'와 같은 의미로 사용한다. 한국에서는 예술이라 하면 무용, 음악을 포함한다. 그렇기에 본서에서는 미술로 한정하여 논의한다.

『장자』의 자연 개념을 통해 심미적 관점에 주목한 이유는 다음
과 같다. 우선, '자연' 개념은 『장자』에서 8번[10]밖에 등장하지 않
지만, 『장자』 전체를 아우르고 있는 포괄적 개념이기도 하다. 왜냐
하면 『장자』에서의 '자연'은 단어 자체의 일차원적인 의미로 쓰이
지 않았기 때문이다.[11] 글자 그대로 풀이하면 '자연'은 '스스로 그
러함'이라는 뜻으로, 흔히 자연스럽게, 자연스레 등, 인위적 행위
가 아닌, 사물 자체로서의 존재함을 바라본다는 것을 말한다. 그렇
기에 해석의 여지가 많을 뿐만 아니라, 장자가 말하고자 하는 '자
연' 개념이 고도의 정신활동의 산물이라는 것을 증명하는 셈이다.
이어서 『장자』는 상상력이 동반된 비유와 풍부한 우언들, 그리고
빼어난 문체로 중국의 문학과 미학 부문에 상당한 영향을 끼쳤다.
그렇기에 특히 『장자』의 '자연' 개념을 통한 심미적 관점에 대한
접근은 매우 흥미로운 연구라고 할 수 있다.

2. 선행연구 분석

2장에서 『장자』의 '자연'에 대한 선행 자료들을 살펴보면, 정세

---

10) 王世舜·韓慕君 編著, 『老莊詞典』, (山東: 山東教育出版社), 1995, 123쪽과 781쪽.

11) 사전을 살펴보면 보편적으로 아래와 같이 쓰인다. ① 산·강·바다·초목·동물·비·바람
등 인위에 의하지 않고 존재하는 것이나 현상. 저절로 그렇게 되어 있는 모양. 사람의 힘을
더하지 않은 천연(天然) 그대로의 상태. ② 인공 또는 인위(人爲)로 된 것으로의 문화에 대하
여, 인력에 의하여 변경(變更)·형성(形成)·규정(規整)됨이 없이, 저절로 되는 생성(生成)·
전개(展開)에 의하여 이루어진 상태. ③ 저절로 되는 생성(生成)·전개를 야기(惹起)하는 본연
(本然)의 힘으로서의; 사물의 성질·본성·본질·전체로서 볼 때의 근원적인 조화의 힘. ④
조화의 힘에 의하여 이루어진 일체의 것. 곧 인간을 포함한 천지간(天地間)의 만물·우주. ⑤
정신에 대하여 외적 경험의 총체. 곧 물체계(物體界)와 그 여러 가지 현상. ⑥ 역사에 대하여
보편성·반복성·법칙성·필연성의 입장에서 본 세계. ⑦ 자유·당위에 대하여 인과적 필연
의 세계. ⑧ 자연계. ⑨ 일부 명사 앞에 쓰이어, '저절로 일어나거나 이루어짐'의 뜻; 이희승
편저, 『국어대사전』, (서울: 민중서림), 2000, 수정판 2쇄, 3177쪽.

근12)은 『노자』와 『장자』의 주석가인 왕필(王弼)과 곽상(郭象)의 비교를 통해 '자연'의 의미와 변화 과정을 설명하였다. 자연을 '자발(自發)' 또는 '자정(自定)'이라고 말하며 '자(自)'의 추이에 대해 설명했다. 정세근은 자연을 논하는 데에, 자연을 현대에 맞게 재해석해야 한다고 보았으며, 나아가 자연을 생태적 입장에서 바라보아야 한다고 말하였다.

이한상13)은 '자연'의 발휘는 심미적인 것이라고 하며 인간과 자연의 조화는 생태적 입장에서 재고되어야 한다고 주장한다. 두 연구는 인간문제에서 출발하여 자연을 이야기한다. 이렇듯 삶이 자연과 함께 논의되는 것은 경험적 측면에서 재고해야 할 필요성이 있기 때문일 것이다.

류성태14)는 자연을 세 가지로 요약한다. 첫째, '스스로 그렇다'는 물아일체(物我一體)의 자연. 둘째, 자생자화(自生自化)로써 자발적·자기발생적인 성격의 존재의 자연. 셋째, 만유(萬有)의 총섭자로서의 자연이다. 그러고는 자연은 인간의 인식으로 한정할 수 없다고 덧붙인다. 또한 인간과 자연의 상관성을 드러내면서, 자연에 대한 동서양의 관점 차이에서 자연보호의 당위성을 주장한다.

기존연구들이 자연과 인간을 하나로, 생태적으로 접근한 이유는 '자연'은 삶에서 찾을 수 있고 삶에 그대로 녹아져 있기 때문일 것이다. 인간은 물론 외부적인 모든 요소들이 구분되지 않고 모두 자연의 범주에 속한다고 볼 수 있다. 이러한 관점에서 예술을 바

---

12) 정세근, 「노장과 그 주석가들의 자연개념의 형성과 변천」, 『도교문화연구』, 제13집, 한국도교문화학회, 1999.

13) 이한상, 「莊子의 자연에 관한 연구」, 『사회과학연구』, 제16집, 호서대학교 사회과학연구소, 1997.

14) 류성태, 「莊子의 自然·人間의 관계」, 『도교문화연구』, 제12집, 한국도교문화학회, 1998.

라본다면 우리의 인식에 내재한 '편견'도 극복할 수 있지 않을까? 본서의 의의가 바로 여기에 있다.

본서는 『장자』의 자연을 '천(天)'과 '도(道)' 그리고 '화(化)'의 개념으로 이야기하고 있다. '천'과 '도'는 당연하게 자연과 동일어로 쓰였는데, '화'의 경우는 일부 인식의 전환으로 연구된 바 있다. 연구는 '화'가 자기변화와 자기극복으로 쓰이거나,[15] 생사를 통한 생명체의 변화[16]로서 주체가 고정되어 있지 않음을 시사한다. 변화는 장자가 핵심적으로 다루는 인식방법이다. 이 때문에 '화'와 '자연'을 유사한 측면에서 논의할 수 있겠다.

또한 『장자』의 '자연' 개념을 중심으로 심미적 관점의 한계를 극복하고자 했던 이유는, 『장자』 텍스트를 심미적 관점으로 보아야 마땅함에도 불구하고 이전까지는 '심미는 무엇이다'라는 구체적 언급이 없었기 때문이다. 심미라고 한정하여 연구된 논문은 앞서 말했듯이, 개별적 개념[17]에 대한 연구인 것과 동시에 예술 창작자와 행위자 입장에서 예술 표현론을 대체하는 개념에 그쳤다. 이렇기 때문에 필자는 심미와 심미적이라는 개념의 명확성을 집어내어 『장자』에서 철학으로 다뤄 온 기존 개념들을 예술 전반의 입장에서 서술하고자 했다.

---

15) 김경희, 「『장자』의 변(變)과 화(化)의 철학」, 이화여자대학교 박사학위논문, 2006.

16) 신순정, 「자연과 생명공학-장자 자연주의와 사생관을 중심으로」, 『동양철학연구』, 제91집, 동양철학연구회, 2017; 정우진, 「『장자』에서 읽어낸 양생론과 생명관의 변화」, 『범한철학』, 제74집, 범한철학회, 2014.

17) 대체로 자연을 기초로 한 심미개념은 '유(遊)', '덕(德)', '기(氣)'가 대표적으로 연구되어 있었다. '유(遊)', '덕(德)', '기(氣)'는 개별적 사상에 대한 논문이지만 그 안에 논의되는 지점은 장자의 자연사상에 근거를 두고 있다. 그렇기에 심미적 관점은 개체적 성격이 두드러진다. 그렇다고 해서 개체적 성격이 단독적인 의미를 지닌 것이 아니라, 본성 자체로서의 개별성을 지닌 개별적 존재를 존중한다는 의미이다. 왜냐하면 인간의 경험 중 하나인 심미는 주관적 성질이므로 각 개체마다 발현되는 경계가 다르기 때문이다. 임태규, 『장자 미학 사상』, (서울: 문사철), 2013; 이성희, 「莊子 哲學의 실재관 연구-심미적 성격을 중심으로」, 부산대학교 박사학위논문, 2001; 탁양현, 「장자의 예술정신-유(遊)를 중심으로」, 전남대학교 석사학위논문, 2008.

3장에서는 『장자』에 나타난 심미적 관점의 한계를 살펴본다. 본서에서는 한계의 개념을 물(物), 정(情), 지(知)로 설명한다. 위의 개념들은 '자연'의 본래의 성질을 거스르거나 방해하는 요인으로 작용하기도 한다.

'물(物)'은 타자의 문제[18]를 다룬 연구들이 주를 이뤘다. 타자의 경우는 언어로 지칭하면서 생기는 문제들로부터 시작한 까닭에 물(物)을 논하면서 언어[言][19]의 문제도 함께 연구했다. 특히 '물'에 관한 논의는 인습적 맥락에서 이해되어 상대성과 보편성의 문제가 대두된다. 그렇기에 대대의 관점에서 접근할 수밖에 없었다.

'정(情)'에는 감정과 본성이라는 개념이 있다. 하지만 장자는 감정보다는 인간본성 본체로서의 정을 강조하였다. 장자가 말하는 '정'은 본성[性]에 가깝지만 희로애락(喜怒哀樂)과 같은 감정이 아니라 천인합일(天人合一)의 자연 상태를 이야기하는 것이다. 이것을 덕(德)[20]이라고 하는데, 덕을 온전히 보지 못함은 정(감정)에 의해 흔들리기 때문이다. 이러함에도 불구하고, 공감의 문제[21]를 다룬 연구가 있었는데 이 역시 감정은 경험으로부터 공감을 일으킨다고 말한다. 따라서 '정'의 작용은 장자가 지양하는 개념으로 심미적 관점의 한계라고 볼 수 있다. 본서에서는 감정으로서의 '정'과 본래의 혹은 본성으로서의 '정'으로 구분하며 논의하였다. 그렇기 때문에 선행연구와는 다르게 『장자』 텍스트 분석을 토대로 접근하여, 이 두 가지 측면에서의 공통된 한계점을 도출하였다.

'지(知)'의 경우는 지식론[22]을 이야기하면서 그 바탕에는 '심

---

18) 강신주, 『莊子: 타자와의 소통과 주체의 변형』, (경기: 태학사), 2012.

19) 정륜, 「장자와 역설」, 『대동철학』, 제6집, 대동철학연구회, 1999.

20) 임태규, 『장자 미학 사상』, (서울: 문사철), 2013.

21) 이진용, 「장자(莊子)의 감정과 공감의 문제」, 『한국철학논집』, 제46집, 2015.

(心)'의 문제로 귀결된다. '심'은 '성심(成心)'이라는 것을 통해 긍정과 부정의 두 가지 측면으로 언급된다. "성심을 인간이 본래 가지고 있는 참된 마음, 또는 천연한 자연의 마음이라고 해석하는 입장과 이와는 반대로 '성심'을 일정하게 굳어진 마음으로 보면서 그것이 시비 내지는 선악의 가치평가를 발생하게 하는 근거로서 편견에 지나지 않는다고 해석하는 입장"23)이 있다. 필자는 후자의 의미를 따르며, '심'과 '지'를 같은 프레임으로 보았다. '심'은 '마음'에서 비롯하고, 선험적 경험으로부터 출발하며 지(知)도 '지' 자체가 경험에 의한 프레임을 설정하기 때문에, 그로 인해 심의 문제가 대두되는 것은 낯설지 않았다. 그렇다면 '자연'이 무엇이기에 위의 개념들이 한계로 작용하고 그것을 극복하여야 하는 것일까?

따라서 4장은 3장에서 언급된 개념들을 자연 개념을 중심으로 심미적으로 온전히 접근하여 극복할 수 있는 방향에 대해 연구하였다. 위의 개념들을 가지고 심미적 관점으로 접근할 때,『장자』에서 어떻게 표현하고 있는지 살펴보았다. 그렇기 때문에 4장에서는 원문분석을 우선으로 할 수밖에 없었다. '물', '정', '지'에 대한 『장자』분석의 선행 자료는 3장에 언급된 자료들과 중복되는 경향이 있었다. 따라서 본 장에서는 물·정·지가 심미적 한계를 극복하고자 하는 방향으로 접근하여 논의하고자 한다. 심미적 한계를 극복할 수 있는 방법에 대한 연구는 아래와 같다.

첫 번째, 물(物)은 인식의 문제다. 이것을 해결하려면 무대(無待)의 관점으로 인식해야 한다. 비교대상이 없다는 것이 아니라,

---

22) 김항배, 「장자의 지식론」,『도교학연구』, 제10집, 한국도교학회, 1992; 이강수, 「장자의 지식론」,『철학연구』, 제40집, 고려대학교 철학연구소, 1978.

23) 이종성, 「장자 철학에서의 '성심'에 대한 성찰」,『대동철학』, 제23집, 대동철학회, 2003, 11쪽 참고: 이종성의 논문에 따르면, 곽상, 임희일, 감산, 장석창 등이 긍정적 해석을, 성현영, 임운명, 진상도, 전목 등이 부정적 해석을 내놓았다.

사물 혹은 사건에 대한 가치판단은 항상 가변성을 지니고, 분별의 기준이 되지 않아야 함을 시사한다. 그래서 한자의 개념을 사전의 해석과 용례의 분석을 우선으로 하였고, 그에 따른 다른 연구자들의 견해를 첨언하였다. 3장에서 언급된 지칭의 문제에서의 극복방향에 대해서는 무언(無言) 혹은 불언(不言)이라고 하는데, 이 또한 텍스트 분석과 선행연구의 첨언으로 구성하여 연구하였다.

두 번째, 정(情)과 반대개념으로 논의되는 '무정(無情)'을 연구하는 데에, 같은 맥락으로 취급하는 '허정(虛靜)'을 아울러 연구하였다. 장자가 지양하는 건 본성을 해치는 감정으로서의 정을 말한다. '무정'에 대한 선행 자료를 살펴보면, 김형석[24]은 궁극적 즐거움을 추구하기 위해 무정해야 한다고 했으며, 김형중[25]은 성인무정(聖人無情)을 이야기하며 이상적 인간상을 제시하였다. 마지막으로 신순정[26]은 장자의 심성관을 통해 이상적 인간이 무엇인지 설명하였다. 이 세 연구 모두 '무정(無情)'한 인간이 진인(眞人)이라고 말한다. 이는 필자와 같은 맥락으로 접근하였다고 볼 수 있다. 이상적 인간상은 심미적 관점으로 자연을 보는 것과 관련이 있다. 진인(眞人)은 진지(眞知)를 실천할 사람으로 자연을 온전히 인식할 수 있는 사람이기 때문이다.

그렇기에 3절에서는 심미적 관점으로 자연을 바라보는 태도 또한 진인이 지닌 자세라고 언급하였다. 칸트 미학에서 이에 대한 실마리를 찾는 연구를 찾아볼 수 있었다. 그중 진지(眞知) 추구를 칸트 미학과 비교한 연구 논문[27]이 있었는데, 인식활동에 대해 장

---

24) 김형석, 「장자의 즐거움」, 『동양철학』, 제43집, 한국동양철학회, 2015.

25) 김형중, 「도가적 감정 이해의 전형(典型)」, 『동양철학』, 제42집, 한국동양철학회, 2014.

26) 신순정, 「장자의 심성관과 이상적 인간」, 『철학논총』, 제88집, 새한철학회, 2017.

27) 신정원, 「장자 인식론의 미학적 사유-장자와 칸트의 대상인식을 중심으로」, 『인문과학』, 제65

자와 칸트의 미학적 공통점을 도출한 연구이다. 따라서 진지를 추구하면서 대미(大美)를 찾아가고자 한다. '진지'는 장자가 추구하는 진정한 앎이다. 진지를 가진 자(者)가 '진인(眞人)'이며 이러한 사람만이 '대미'를 체험할 수 있음을 말한다.

따라서 선행 자료와 더불어 필자의 책을 들여다보면,『장자』텍스트에서 어떠한 개념을 논하고자 할 때에는, 그 반대인 극복방향에 대해서도 아울러 논의함을 발견할 수 있다. 이는 장자사상이 인식의 해체를 주장하는 것이기 때문일지도 모른다.

이제 필자는 '자연'의 어원과 용례를 살피고, 심미적 관점의 인식의 한계 범주로 설정한 물·정·지와 심미적 관점의 한계를 극복할 수 있는 방향에 대해 논하고자 한다.

집, 성균관대학교 인문과학연구소, 2017.

제 2 장   '자연' 개념의 형성 배경

1. 자연의 어원과 용례

일반적으로 우리는 자연을 하늘과 땅, 바다, 강, 산 같은 '자연
(nature)'의 의미로서 말한다.[1] 이때 자연은 주로 객관적이고 외재
적인 대상을 가리키는 경우가 많다. 그러나 동양적 사고에서 자연
이라는 개념을 외재화하는 경우는 드물다. 다시 말해, 돌이 굴러다
니고 풀이 자라고 물이 흐르는 세계로서의 자연은 동양적 의미에
서 '자연'이라고 불리기보다는 구체적으로 '산천초목', 추상적으로
'천지'라고 불렸다.[2]

---

1) 사전을 살펴보면 보편적으로 아래와 같이 쓰인다. ① 산·강·바다·초목·동물·비·바람 등
인위에 의하지 않고 손재하는 것이나 현상. 저절로 그렇게 되어 있는 모양. 사람의 힘을 더하
지 않은 천연(天然) 그대로의 상태. ② 인공 또는 인위(人爲)로 된 것으로의 문화에 대하여, 인
력에 의하여 변경(變更)·형성(形成)·규정(規整)됨이 없이, 저절로 되는 생성(生成)·전개(展
開)에 의하여 이루어진 상태. ③ 저절로 되는 생성(生成)·전개를 야기(惹起)하는 본연(本然)의
힘으로서의; 사물의 성질·본성·본질·전체로서 볼 때의 근원적인 조화의 힘. ④ 조화의 힘
에 의하여 이루어진 일체의 것. 곧 인간을 포함한 천지간(天地間)의 만물·우주. ⑤ 정신에 대
하여 외적 경험의 총체. 곧 물체계(物體界)와 그 여러 가지 현상. ⑥ 역사에 대하여 보편성·
반복성·법칙성·필연성의 입장에서 본 세계. ⑦ 자유·당위에 대하여 인과적 필연의 세계.
⑧ 자연계. ⑨ 일부 명사 앞에 쓰이어, '저절로 일어나거나 이루어짐'의 뜻; 이희승 편저, 『국
어대사전』, (서울: 민중서림), 2000, 수정판 2쇄, 3177쪽.

서양에서의 '자연'이란 말은 그와 대비되는 말을 통해 어의적 윤곽을 형성해왔다. 이를테면 자연과 기술, 자연과 문화, 자연과 문명 등이 그러한 예에 속한다. 이 경우에 자연은 스스로 존재하면서 스스로 재생해가는 어떤 무엇을 가리키는 데 반해 그 상대 개념들에선 인위적 정립이나 제작, 부단한 확인과 산출활동 및 그 결과가 주안점을 이룬다. 이 같은 대비 중 가장 두드러진 개념쌍이 피지스(physis)와 테크네(techne)이다. 피지스는 자연을 뜻하는 그리스 말로서 저절로 모습을 드러내는 그런 사태 내지 힘을 일컫는다. 테크네는 인간의 능력과 제작지식을 가리키는 말로, 이는 오늘날의 기술이라 부르는 것과 관련될 뿐만 아니라 기예/예술의 영역을 포함한다.[3]

한자의 의미를 풀어보면, '자(自)'에는 2가지 의미가 있다. 하나는 '~으로부터'라는 의미이고, 또 하나는 '자기'라는 의미이다. '자연'이라고 할 때의 '자'는 오로지 두 번째 의미와 관계하며 '스스로'를 의미한다.[4]

'연(然)'은 '그러한'이라는 뜻풀이에서도 보듯이 한자어에서 종종 술어나 부사 뒤에 붙어 상태나 모양을 나타내는 역할을 하는 접미사로 쓰인다. '자연'에서 '연'이 수행하고 있는 문법적 역할이 여기에 해당한다. 연의 이런 용례는 우리말의 홀연(忽然)히, 의연(毅然)히, 태연(泰然)히 등을 떠올리면 쉽게 이해가 갈 것이다. 따라서 이상의 내용을 종합해보면 '자연'은 자기 스스로, 혹은 어떤

---

2) 정세근, 「노장과 그 주석가들의 자연 개념의 형성과 변천」, 『도교문화연구』, 제13집, 한국도교문화학회, 1999, 187쪽.

3) 미학대계간행회, 『미학의 문제와 방법』, (서울: 서울대학교출판문화원), 2013, 421쪽 참고.

4) 李承律, 「研究史를 통해서 본 中國 古代의 '自然'思想과 問題點 考察」, 『동양철학연구』, 제49집, 동양철학연구회, 2007, 56쪽 참고.

것이 저절로 그러한 모습, 즉 외재적인 요소의 개입 없이 '스스로 혹은 저절로 그러하다'는 뜻을 지닌다는 것을 알 수 있다.5)

『장자』에서 나타난 자연의 용례를 살펴보자.

> 혜자가 말했다. 이미 사람이라고 한 이상은[반드시 사람으로서의 정(情)이 있을 텐데] 어찌 정이 없다고 하는가? 장자가 대답했다. 그건 내가 말하는 정이 아닐세. 내가 ⓐ 정이 없다고 하는 것은 사람이 좋고 나쁨[의 정]에 의해 스스로의 몸속을 해치지 않고 ⓑ 언제나 자연을 [그대로] 따르면서 [부질없이] 삶을 덧붙이려 하지 않음을 말하는 것일세.6)

위의 ⓐ에서 정이 없다고 하는 것은, 사람에게 정이 없다는 것이 아니라 정에 얽매이는 것이 부자연스러워 결국 본래의 '자연'의 상태가 아니게 됨을 말한다. 여기서 정을 주량즈(朱良志, 1955~)가 말하길, "사람의 '정(감정)'은 일정한 경향과 목적을 갖고 있으며 맹목적 지식을 갖고 있기도 하다. 사람이 가진 희로애락 등의 정은 모두 공리적인 욕망 등과 연계되어 있다. '정'은 선입견과 관련이 있다. 사람은 선천적으로 이어받은 것과 후천적인 습관에 물들면서 세상을 보는 일종의 태도, 즉 무얼 좋아하고 싫어하며, 무얼 필요로 하고 필요로 하지 않는지 등의 태도를 갖게 된다"7)라고 한다.

ⓑ는 말 그대로 '항상 자연을 따른다[常因自然]'라는 것으로, 장자는 이러한 말을 사용하면서 굳이 혹은 인위적으로 삶을 덧붙이려고 하지 않아야 함을 말한다. 사언의 변화와 흐름에 따라 만

---

5) 이동철·최진석·신정근 엮음, 『21세기의 동양철학』, (서울: 을유문화사), 2005, 207~208쪽 참고.

6) 『莊子』 「德充符」: 惠子曰, "旣謂之人, 惡得無情?" 莊子曰, "是非吾所謂情也. 吾所謂無情者, 言人之不以好惡內傷其身, 常因自然而不益生也." 안동림 역, 『莊子』, (서울: 현암사), 2002, 개정2판 3쇄, 170쪽 인용.

7) 주량즈, 신원봉 역, 『미학으로 동양 인문학을 꿰뚫다』, (경기: 알마), 2013, 42쪽.

물의 본성을 있는 그대로 할 뿐 더하거나 빼거나 하지 않아야 함을 주장하는 것이다. 그렇기에 장자는 이러한 태도를 갖는 것과 어떠한 것에 얽매이는 것을 '자연'이라고 생각하지 않았다. 마찬가지로 『이십사시품』에서도 '절로[自] 그러함[然]', '그런 줄 모르게 그러함[不知所以然而然]'[8]이라고 한다.[9] 이는 얽매이는 게 없기 때문에 알지 못한 사이에 의식하지 않고 따르게 되는 것임을 알 수 있다.

> 천근이 은양에서 노닐며 요수 강가에 이르러 문득 무명인과 만나게 되자 물었다. 천하를 다스리는 방법을 묻고 싶습니다. 무명인이 대답했다. 물러가라. 넌 야비한 인간이다. 얼마나 불쾌한 물음이냐. 난 지금 조물자와 벗이 되려 하고 있다. 싫증이 나면 다시 저 아득히 높이 나는 새를 타고 이 세계 밖으로 나아가 무하유의 고장에서 노닐며, 끝없이 넓은 들판에 살려 한다. 그런데 너는 또 무엇 때문에 천하를 다스리는 일 따위로 내 마음을 움직이려 하느냐. 그러나 천근이 또 묻자, 무명인은 대답했다. 너는 마음을 담담 경지에서 노닐게 하고, 기를 막막한 세계에 맞추어, 모든 일을 ⓐ 자연에 따르게 하며, 사심을 개입시키지 않는다면 천하는 잘 다스려진다.[10]

여기에서도 '상인자연(常因自然)'의 또 다른 표현인, ⓐ의 '순물자연(順物自然)'에 주목할 필요가 있다. 이것은 인간이 자기 사심을 버리고 자신만의 생각을 고집하지 않고 만물의 자연스러운 변

---

8) 안대회, 『궁극의 시학』, (경기: 문학동네), 2013, 285쪽 참고.

9) 앞으로 『이십사시품』을 인용할 때 안대회, 『궁극의 시학』, (경기: 문학동네), 2013의 번역에 따른다.

10) 『莊子』「應帝王」: 天根遊於殷陽, 至蓼水之上, 適遭無名人而問焉, 曰, "請問爲天下." 無名人曰, "去! 汝鄙人也, 何問之不豫也. 予方將與造物者爲人, 厭則又乘夫莽眇之鳥, 以出六極之外, 而遊無何有之鄕, 以處壙埌之野. 汝又何帛以治天下感予之心爲?" 又復問, 無名人曰, "汝遊心於淡, 合氣於漠, 順物自然而無容私焉, 而天下治矣." 안동림 역, 『莊子』, (서울: 현암사), 2002, 개정2판 3쇄, 224쪽 인용.

화에 따르는 것이다. 장자는 개인의 사심은 보편성이나 객관성이 없고 환경에 따라 천차만별이라고 보았다. 그러므로 사심을 개입시키지 않아도[無容私焉] 천하는 알아서 잘 다스려진다고 한 것이다.

> 나는 또 쉼이 없는 소리로 연주하고 자연 그대로의 리듬으로 조화시켰지. 그리하여 ⓐ <u>만물이 마구 뒤엉켜 무리져 생겨나듯 이 성대한 합주가 일어나면서도 형태가 없고 멀리 퍼져나가면서도 자취가 없으며</u> 어둡게 가라앉은 채 고요하고 사방으로 자유로이 움직이면서도 깊숙한 근원에 자리 잡는다네. 혹은 ⓑ <u>소리가 그쳤다고도 하고 또다시 이어져 생겨났다고도 하며 충실하다고 하는가 하면 또 텅 비었다고도 하지. 자유자재로 유전하며 흩어져 나가 일정한 소리에 구애되지 않는다네.</u> 세상은 이를 알 수가 없어 성인에게 묻지. 성인이란 만물의 참모습에 능통하고 자연의 운명을 따르는 자일세. 자연 그대로의 마음의 작용이 겉에 나타나지 않아도 사람으로서의 감각은 모두 잘 활동하며 말없이 있어도 마음은 즐겁다네.[11]

ⓐ에서 뒤엉킨 사이에서의 '성대한 합주'는 조화로움을 이야기한다. 합주라는 것 자체가 두 가지 이상의 악기가 각각 소리를 내는 것인데 거기서 조화로움을 찾을 수 있는 것은 각기 본연의 소리에 충실했기 때문이다. 그렇기에 여기서 조화로움은 형태 없이 퍼져 스스로 자리 잡아 존재하게 된다. 이것은 '생명이 있는 것은 작위적인 것이 아니라 자연[自然之命]'임을 알 수 있다. ⓑ는 자연의 질서를 말한다. 또한 '자유자재로 유전한다'는 것은 실서와 조화로움 속에서 예측 불가함을 뜻한다. 따라서 이 모든 것은, 자

---

11) 『莊子』「天運」: 吾又奏之以無怠之聲, 調之以自然之命, 故若混逐叢生, 林樂而無形, 布揮而不曳 幽昏而無聲 動於無方, 居於窈冥, 或謂之死 或謂之生. 或謂之實, 或謂之榮. 行流散徙, 不主常聲. 世疑之, 稽於聖人. 聖也者, 達於情而遂於命也. 天機不張而五官皆備, 無言而心說. 안동림 역, 『莊子』, (서울: 현암사), 2002, 개정2판 3쇄, 376~377쪽 인용.

연의 조화로움을 이야기한다. 자연은 스스로 그러하고 예측이 불가능한 어떠한 것이라고 추측할 수 있으며, 예측이 불가하더라도 나름의 질서정연한 순환구조를 지니고 있다. 이것을 사계절로 예를 들 수 있는데,『장자』「천운」에서 '사계절이 차례로 바뀌고 만물이 삶을 따른다[四時迭起 萬物循生]'며 계절이 바뀌듯 만물이 알아서 조화롭게 변화하고 삶[生]을 따르는 것을 '자연'이라 함을 알 수 있다. 거기다 자연이란 언제 어디서든 나타나는 것이고, 자연의 등장은 항상 조화로움을 동반하며, 조화롭지 않은 것은 없다. 그렇다고 해서 예측이 가능하다는 것은 아니다. 예측이 가능하면 자연이 아니다. 또한 자연은 스스로 운동하는 사물들의 세계이며 자연 그 자체가 과정이고 성장이며 변화이다. 그리고 이 변화에는 계절과 같이 어떤 일정한 방향으로 변화하려는 성향이 잠재해 있다. 이처럼 자연은 자발적으로 운동하며 변화한다.

옛날 사람은 혼돈 속에 있으며 모든 세상 사람들과 함께 편안한 고요함을 터득하고 있었다. 이러한 시대에는 음양은 조화되어 조용하고 정령은 함부로 움직이지 않으며 사철은 순조롭고 만물은 손상되지 않으며 온갖 생물은 천수를 다하고 사람들은 지혜가 있어도 그 지혜를 쓸 데가 없었다. 이것을 참된 도와의 완전한 일치라고 한다. 이러한 시대에는 의식적으로 무엇을 하려고 하는 생각이 없으면서 언제나 저절로 그렇게 되었다. 그러나 덕이 차츰 기울어지자 수인이나 복희가 비로소 천하를 의식적으로 다스리게 되었다. 이리하여 사람들은 도에 따르기는 하지만 이미 도와 하나일 수가 없게 되었다. 덕이 더욱 기울어지자 신농이나 황제가 천하를 비로소 다스리게 되었다. 이리하여 사람들은 편안하기는 하지만 이미 도를 따르지 않게 되었다. 덕이 한층 더 기울어지자 요나 순이 비로소 천하를 다스리게 되었다. 그래서 정치적인 교화를 일으켜 순수한 바탕은 사그라뜨리고 소박한 본질을 흩뜨리며 참된 도에서 떠남을 좋다 하고 덕을 위태롭게 만들어서 실행한다. 그런 뒤로 사람들은 자연스러운 본성을 버리고 각기 제멋대로의 마음만을 따르며 서로의 마음속을 엿보아 천하를 안정시킬 수가 없게 되었다. 그런 귀에 문화 따위 장식을 달고 학문 같은 박식을 덧붙였으나 그런 장식은 소박한 본질을 잃게 하고 박식은 사람들의 마음을 혼란에 빠지게 했다. 그 뒤부터 백성은 드디어 혼란을 일으키기 시작하여 그 참된 본성으로 돌아가서 본래의 자연스러운 모습으로 되돌아갈 수가 없게 되었다.[12]

위에서 언급한 덕(德)은 자연의 본성이자 사물에 주어진 본성이다. 의식적으로 천하를 다스리고 주어진 개별 본성을 장식하면, 혼란스러워지고 본래의 모습으로 돌아올 수 없음을 이야기하는 것이다. 덕은 인간 각자에게 주어진 것으로 하나라도 같은 것이 없다고 볼 수 있다. 그렇기에 여기서 '상자연(常自然)'의 표현에 주목해보면, '스스로 이루어지는[自成]'으로 말할 수 있고 만물은 자연 그대로 '지일(至一)'의 상태였을 것이라 추측된다. 이 때문에 애초에 자연은 개별성을 지닌다고 볼 수 있다. 즉, '덕'은 만물이 생성되는 근거이며, 무엇으로부터 얻어지는 것이라고 볼 수 있다.

하백이 말했다. 만물 밖에선가요, 혹은 만물의 안에선가요, 대체 어디에서 귀천의 구문이 생기고 어디서 대서의 분별이 생깁니까? 북해약은 대답했다. 도의 입장에서 보면 만물제동이어서 사물에 귀천은 없소. 그러나 사물의 입장에서 보면 상대적인 입장에 사로잡혀 스스로를 귀하다 하고 상대방을 천하다 하오. 세속적인 입장에서 보면 대중의 평가만을 따르므로 귀천의 구별은 자기에게 없게 되오. 사물의 차별이라는 관점에서 볼 때 각기 큰 것에 대해 크다고 한다면 만물이 크지 않은 것이 없고 각기 작은 것에 대해 작다고 한다면 만물이 작지 않은 것이 없게 되오. 이렇게

---

12) 『莊子』 「繕性」: 古之人在混芒之中, 與一世而得澹漠焉. 當是時也, 陰陽和靜, 鬼神不擾, 四時得節, 萬物不傷, 羣生不夭, 人雖有知, 無所用之, 此之謂至一. 當是時也, 莫之爲而常自然. 逮德下衰, 及燧人伏羲始爲天下, 是故順而不一. 德又下衰, 及神農黃帝始爲天下, 是故安而不順. 德又下衰, 及唐虞始爲天下, 興治化之流, 淳散朴, 離道以善, 險德以行, 然後去性而從於心, 心與心識, 知而不足以定天下, 然後附之以文, 益之以博. 文滅質博溺心, 然後民始惑亂, 無以反其性情而復其初. 안동림 역, 『莊子』, (서울: 현암사), 2002, 개정2판 3쇄, 409쪽 인용.

하여 천지도 돌피 알이 됨을 알고 가느다란 털끝도 언덕이나 산이 됨을 안다면 사물의 차별의 도리는 분명해질 거요. 사물의 작용이라는 관점에서 볼 때 각기 쓸모 있는 것을 쓸모 있다고 한다면 만물은 쓸모없는 것이 없고 각기 쓸모없는 것을 쓸모없다고 한다면 만물은 쓸모없는 것이란 없게 되오. 동쪽과 서쪽은 반대이면서도 서로 상대방이 없어서는 안 됨을 안다면, 사물의 효용성의 본질이 분명해질 거요. 마음의 방향이라는 점에서 볼 때, 각기 옳은 것을 옳다고 한다면 만물은 옳지 않은 것이 없고 각기 옳지 않은 것을 옳지 않다고 한다면 만물은 옳은 것이 없게 되오. 그리하여 요와 걸조차도 서로 스스로 옳다 하고 상대방을 잘못이라 함을 안다면 마음의 방향의 근거가 분명해질 거요.13)

이렇듯 일체의 만물은 스스로 태어나고 스스로 변화한다. 노자도 마찬가지로 자연을 "만물이 저절로 그렇게 됨을 도와주지만, 감히 어떤 것도 하지 않는다"14)라고 한다. 인용문을 살펴보면 자연은 '저절로'라는 표현으로, 어떠한 지시적 표현을 하지 않았다. 거기다 옳고 그름도 없는 것임을 대화를 통해 알 수 있다.

이렇듯 후쿠나가 미쓰지(福永光司)는 자연을 "닭이 울고 개가 짖는 사실처럼 스스로 그렇게 하는 것15)"이라고 말했고, 인간 존재를 자연에 비유하며 "인간은 이 세상에 태어난 이상 자기의 삶을 기피할 수도 없고, 죽음이 찾아오면 그 죽음을 맞아들이지 않을 수도 없다. 태어나고 죽어간다는 것은 인간 존재가 지니고 있

---

13) 『莊子』「秋水」: 河伯曰, "若物之外, 若物之内, 惡至而倪貴賤? 惡至而倪小大?" 北海若曰, "以道觀之, 物無貴賤, 以物觀之, 自貴而相賤以俗觀之, 貴賤不在己, 以差觀之, 因其所大而大之, 則萬物莫不大. 因其所小而小之, 則萬物莫不小, 知天地之爲稊米也, 知豪末之爲丘山也, 則差數覩矣. 以功觀之, 因其所有而有之, 則萬物莫不有. 因其所無而無之, 則萬物莫不無. 知東西之相反而不可以相無, 則功分定矣. 以趣觀之, 因其所然而然之, 則萬物莫不然. 因其所非而非之, 則萬物莫不非. 知堯桀之自然而相非, 則趣操覩矣. 안동림 역, 『莊子』, (서울: 현암사), 2002, 개정2판 3쇄, 425~426쪽 인용.

14) 『老子』 64장: 以輔萬物之自然, 而不敢爲. 필자가 번역한 것은 원문만 표기했고, 번역본을 인용한 경우는 원문과 출처를 표기하였다.

15) 福永光司, 이동춘・임헌규 역, 『莊子-고대중국의 실존주의』, (경기: 청계), 1999, 161쪽 참고.

는 엄연한 현실이다. 그런데 자기가 무엇 때문에 이 세상에 태어나고, 자기가 무엇 때문에 죽음으로 운명 지어져 있는지, 그 근원적인 이유, 자기 존재의 궁극적인 근거는 진정 알 수 없다. 자기 존재의 시원을 과거에서 찾는다면 과거는 무한하여 그 시작된 곳을 알지 못하며, 그 종말을 미래에서 찾는다면 미래는 무한하여 끝나는 곳을 알지 못한다. 시작도 알 수 없고, 끝도 알 수 없는 인간 존재는 그 어떤 말로도 근거 지을 수 없는 그 자체로서의 존재[16]"라 말하였다.

따라서 전술한 '자연'의 용례들을 살펴보면, '자연'은 고정됨과 강제함이 없이 존재하며, 언제 어디서나 형상 없이 나타난다. 또한 '상인자연(常因自然)', '순물자연(順物自然)'과 같은 표현에서 보듯, '자연'의 등장은 어디에서나 누구에게든 존재하는 것이며, 저마다 다른 방식으로 드러난다. 하물며 각기 다른 방식이 조화롭기까지 하다. 그렇다 보니 자연을 누구라도 "자연은~이다"라고 논할 수 없다. 그래서 이러한 점이 예술을 바라보는 것과 결이 같다고 보아, '자연' 개념을 중심으로 심미적으로 바라볼 수 있음을 밝힐 수 있겠다. 따라서 필자는 '자연'은 '스스로 변화하는 존재'라고 정의하겠다.

2. 『장자』에 내재된 '자연(自然)'의 개념

인류 문명사에서 인간과 자연의 관계는 따로 분리할 수 없는 긴밀한 역학관계를 이루어왔다. 대립의 관계에서 충돌과 반발을 거

---

16) 福永光司, 이동춘·임헌규 역, 『莊子-고대중국의 실존주의』, (경기: 청계), 1999, 160쪽.

듭하기도 하고, 때로는 상호 조화와 수혜의 관계를 유지하기도 하였다. 이러한 지속적인 긴장 관계를 통해 인류 문명은 변화와 발전을 이루었다. 인류가 이룩해 놓은 과학의 발전은 무엇보다 자연의 속성을 최소한 지배와 수혜의 대상으로 파악한 데서 기인한 것이다. 또한 언젠가는 죽음을 맞이할 수밖에 없다는 인간의 숙명적 존재의 깨달음에서 시작된 모든 종교의 역사도 거역할 수 없는 자연 질서에 기초하고 있다. 그리고 이성적 인간을 천명하면서 이룩한 동서양의 모든 지적 성과물들은 자연을 대상으로 이해에서 비롯되지 않은 것이 없다.[17] 인간의 감성적 측면을 토대로 이루어지는 예술창작도 근원적으로 자연을 대상으로 체득한 예술적 정감을 전형화하는 데서 출발했다.[18]

중국 사상사에서 도가의 '자연' 개념은 외재하는 어떤 다른 존재나 원인이 있어서 그것을 주재하고 지배하는 것이 아니라, 그 자체가 스스로의 존재 근거와 원인을 내재하고 있는 '저절로 그러한' 것이다. 즉, 자연은 인간을 포함한 만물로서, 현상계에 존재하는 모든 것을 생성시키고 변화시키는 법칙의 근원으로서의 자연인 것이다. 따라서 만물의 총체로서의 현상계를 지칭하는 우주·만물·천지와 '자연'의 개념은 동일한 의미를 지닌다.[19] 이렇듯 『장자』에서의 '자연'은 장자가 궁극적으로 지향하는 개념이다.

『장자』에서 '자연'이 "스스로 혹은 저절로 그러함"이라고 한다면, 그것을 대신하여 논의되는 개념들이 있다. 그것은 '천(天)'과 '도(道)'인데, 이들은 자연과 유사하게 쓰였다. 거기다 심미적으로 접근하였을 때, 자연은 스스로 발현하고, 계절이 바뀌듯 순환적이

17) 임태규, 『장자 미학 사상』, (서울: 문사철), 2013, 196쪽.
18) 임태규, 『장자 미학 사상』, (서울: 문사철), 2013, 196쪽.
19) 위의 책, 197~198쪽.

어서 화(化)로 동일한 위치로 접근할 수 있다. 위의 개념들을 아래에서 논의하고자 한다.

1) '천(天)'과 '도(道)'

중국인들에게 자연과 우주에 대한 관념은 '천(天)'으로 대표된다. 즉, 중국인들의 세계관에 있어서의 근본은 바로 천에 대한 관념인 것이다. 이러한 천의 사상은 단지 고대의 사상으로서의 중요한 의미를 지닌 것이 아니라, 시대를 넘어 또 학파의 대립을 초월하여 모든 중국 사상의 근저에 존재하였다.[20]

고대 중국인의 사유에 따르면 '천(天)'은 "하늘과 땅과 만물은 하나로 이루어진 전체이며, 그 자체가 하나의 유기적 생명체와 같다. 하늘과 땅은 만물을 낳지만 또한 만물의 바깥에 존재하는 것이 아니라 만물과 하나를 이루는 유기적 생명체의 일부이다. '천'은 곧 그러한 의미에서 전체로서의 자연을 지칭하는 것으로도 쓰였다."[21] 그렇기에 '천'은 인간 안에 존재하는 천성이다.[22]

전국시대에 와서는 '천'에 관한 여러 논의가 있었는데, 도가는 "'천'을 인간의 인위적인 문화에 대립하는 자연 혹은 천연(天然)으로 해석하고, 인간 삶의 이상을 그러한 자연에 순응하는 것[無爲]"이라고 하였다.[23]

> 천지는 큰 아름다움을 가지고 있어도 말하지 않고, 사계절은 분명한 법칙을 가지고 있으면서도 의논하지 않는다. 만물은 생성과

---

20) 조원일, 『고대중국의 사유세계』, (서울: 학문사), 2007, 18쪽.
21) 이동철·최진석·신정근 엮음, 『21세기의 동양철학』, (서울: 을유문화사), 2005, 225쪽.
22) 조원일, 『고대중국의 사유세계』, (서울: 학문사), 2001, 21쪽.
23) 이동철·최진석·신정근 엮음, 앞의 책, 227쪽.

이치를 지니면서도 말하지 않는다.[24]

이처럼 장자가 이해한 '천'은 스스로 자기의 존재원리와 운동법칙에 따라 '무위(無爲)'할 뿐이다. 이러한 존재원리는 "사람은 땅을 본받고 땅은 하늘을 본받으며, 하늘은 도를 본받고, 도는 저절로 그렇게 됨을 본받는다"[25] 하는 유기적 입장에서 바라볼 수 있다. 그리고 앞서 논의한 '자연'과 유사한 맥락과 의미로 쓰인다. 그렇다면 의미가 비슷했던 도(道)는 어떨까?

우선 '도'는 본래 의미는 길이다. 사람들이 어떤 목적지를 향하여 가고자 할 때는 모두 길을 따라가야만 한다. 이로부터 '도'는 법칙이나 규율을 뜻하는 것으로 그 의미가 확장되었다. 또 길은 천하에 두루 통한다는 점에서 '도'는 천하 만물의 통일성이라는 의미로 확대되었다.[26]

마찬가지로 장자의 도(道) 개념도 얼마나 난해한지 여러 가지 견해를 살펴보면, "'일종의 무의식의 개념', '비물질적인 절대정신', '신비한 정신·신비한 본체', '신비감으로 충만한 무한실체', '물(物)이 아니며 정신적 실체', '존재론적 개념이라기보다는 실천적인 정신경계를 나타내는 관념', '물질세계를 초월한 추상적·절대적 사상관념이며, 절대화된 관념상의 실체', '천지만물이 생겨나는 정체적 원리', '우주의 궁극적인 근본'"[27] 등을 '도'라고 한다. 이처럼 도는 복잡한 개념을 형성하고 있는데, 『노자』에서도 '도'를 우주의 근원이라고 본다.

---

24) 『莊子』「知北遊」: 天地有大美而不言, 四時有明法而不議. 萬物有成理而不說.

25) 『老子』 25장: 人法地, 地法天, 天法道, 道法自然.

26) 조원일, 앞의 책, 2007, 86쪽.

27) 신성열, 『노장의 예술철학』, (경기: 한국학술정보), 2010, 41쪽 참고.

도에서 하나가 나오고 하나에서 둘이 나오고, 둘에서 셋이 나오고, 셋에서 만물이 나온다. 만물은 음(陰)을 등에 지고 양(陽)을 가슴에 안고 있으면서 '비어 있는 기[沖氣]'로 조화를 이룬다. 사람들이 싫어하는 것은 오직 '고아가 되는 것', '덕이 적은 것', '선하지 않은 것'인데 왕공은 그것을 칭호로 삼는다. 그러므로 사물은 걸러내면 보태지고, 보태면 덜어진다.28)

위의 인용문을 미루어보건대, 만물은 가지각색으로 드러나지만 결국 '하나[一]'로 귀결된다. 그렇다면 무엇으로 하나에 이르는가? 그것은 '없음'으로 말미암는다. 노자는 "도라고 부를 수 있으면 그것은 도가 아니다"29)라고 했듯이, 도는 볼 수도 만질 수도 들을 수도 없는 것이다. 이는 존재하지만 어떠한 형상도 지니지 않는 비어 있는 것이다. 따라서 '도'는 '비어 있음[虛]' 혹은 '없음[無]'과 같다고 할 수 있다.

㉠ 덕을 받아들여야만 도를 따를 수 있다. 도라는 것은 황홀하고 황홀할 뿐이다. 황홀하고 황홀하니 그 속에 형상이 있고, 황홀하고 황홀하니 그 속에 사물이 있다. 까마득하고 어슴푸레하니, 그 가운데 정수가 있다. 그 정수는 참되니, 그 가운데 믿음이 있다.30)

㉡ 뒤섞여 이루어진 것이 있는데, 천지가 나온 것보다 앞서 있다. 적막하고 쓸쓸하게 홀로 있어도 바꾸지 않고, 두루 운행하면서도 위태롭지 않아 천하의 어미가 될 수 있다. 나는 그것의 이름을 알지 못하여, 그것에 도(道)라고 별명[字]을 붙이고, 억지로 '크다[大]'고 이름 붙였다.31)

---

28) 『老子』 42장: 道生一, 一生二, 二生三, 三生萬物, 萬物負陰而抱陽, 沖氣以爲和, 人之所惡, 唯孤, 寡, 不穀, 而王公以爲稱, 故物, 或損之而益, 或益之而損. 김학목 역, 『노자 도덕경과 왕필의 주』, (서울: 홍익출판사), 2010, 개정판 1쇄, 222쪽 인용.

29) 『老子』 1장: 道可道, 非常道.

30) 『老子』 21장: 孔德之容, 惟道是從. 道之爲物, 惟恍惟惚. 惚兮恍兮, 其中有象恍兮惚兮, 其中有物. 窈兮冥兮, 其中有精其精甚眞, 其中有信. 김학목 역, 『노자 도덕경과 왕필의 주』, (서울: 홍익출판사), 2012, 개정판 1쇄, 131~133쪽 참고.

㉠의 '도'는 혼합하여 이루어진 것으로, 만물을 생성하는 근원이며 사물에 의존하지 않는 독립적인 존재 그 자체다. 그렇다 보니 인간의 감각으로 느끼고 볼 수 없으며, 언어로 설명할 수 없어 '황홀함'이라고 표현했다. 이러한 표현을 ㉡에서 보면 '도'라는 것은 어떠한 말로 형용할 수 있는 것이 아니기에, 군이 붙이자면 크다고 이름 붙였다. 이 때문에 이름 붙이는 것이 매우 조심스러웠음을 알 수 있다.

이것을 『노자』 1장에서 말한 "무명이 만물의 시작이고 이름 있음이 만물의 어머니"[32]라고 볼 수 있으며, 천지는 개별적인 존재보다 상위개념이고, 천지가 개별적인 사물들과 분리된 그전의 무엇은 아니라는 것이다. 그렇기에 천지는 이미 개별화하고 구체화한 사물들의 총체로서의 자연이다. 그렇다면 무명은 개별화하고 구체화한 사물의 이전의 존재라고 할 수 있다.[33]

노자에게 '도'는 독립적인 존재이나, '도'가 천지만물을 생성한다고 보았다. 그렇기에 도의 생성의 원리를 ㉡의 인용문에서 말한 어머니라고 보았던 것이다. 이러한 생성원리를 "노자는 도가 천지만물을 생성하지만 그것은 형태도 소리도 없어 인식이 불가능하며 언어로 표현할 수 없다는 점에서 무(無)라 한다. 그리고 인간처럼 목적의식이 없고 의미를 지닌 행동을 하지 않는다는 점에서 무위자연(無爲自然)이라고도 한다."[34] 그렇기에 '도'는 다른 것에 의존하거나 의거하지 않는다. 독립적이나, 별개로 존재하지도 않는

---

31) 『老子』 25장: 有物混成, 先天地生. 寂兮蓼兮, 獨立不改. 周行而不殆可以爲天下母. 吾不知其名, 字之曰道, 强爲之名曰大. 김학목 역, 『노자 도덕경과 왕필의 주』, (서울: 홍익출판사), 2012, 개정판 1쇄, 144~147쪽 인용.

32) 『老子』 1장: 無名, 天地之始, 有名, 萬物之

33) 이정우, 『개념-뿌리들』, (서울: 산해), 2008, 108쪽 참고.

34) 조민환, 『중국철학과 예술정신』, (서울: 예문서원), 1998, 128쪽.

다. 이러한 성격을 '자연(自然)'이란 말로 표현하였다.

따라서 노자가 말하는 자연은 자연과학 혹은 자연보호라고 할 때의 자연과 전혀 다른 의미를 지닌다. 즉, 노자의 자연은 대상체계를 가리키는 것이 아니라 '도'의 상태와 성질을 나타내는 의미이다. 글자 그대로 '저절로 그러하다', '스스로 그러하다', '본래 그러하다'는 뜻이다. 이 말은 '도'가 다른 것에 의존하여 존재하지 않으며, 다른 어떤 존재의 영향도 받지 않는 존재라는 것이다.[35]

이제 장자의 도를 살펴보면, 장자의 도는 노자와 달리 유일무이(唯一無二)한 것이 아니다. 도는 어디든 존재하나, 다르게 존재하는 것을 말한다. 다르게 존재하지만 그것에는 시비(是非)와 호오(好惡)가 없는 무형의 존재이다. 여태 논의한 것들로 유추해보자면, 사물을 있는 그대로 바라보는 것임을 알 수 있다.

> 사람은 습한 데서 자면 허리에 병이 생겨 반신불수로 죽지만 미꾸라지도 그렇던가? 나무 위에 있으면 [사람은] 떨고 무서워하지만 원숭이도 그렇던가? 이 셋 중 어느 쪽이 올바른 거처를 알고 있는 걸까? 또 사람은 소·돼지 따위의 가축을 먹고, 순록은 풀을 먹으며, 지네는 뱀을 먹기 좋아하고, 올빼미는 쥐를 먹기 좋아한다. 이 넷 중 어느 쪽이 올바른 (즉, 진짜) 맛을 알고 있다고 하겠는가. 암원숭이는 긴팔원숭이가 짝으로 삼고, 순록은 사슴과 교배하며, 미꾸라지는 물고기와 논다. 모장이나 여희는 사람마다 미인이라고 하지만, 물고기는 그를 보면 물속 깊이 숨고, 새는 그를 보면 하늘 높이 날아오르며, 순록은 그를 보면 기운껏 달아난다. 이 넷 중 어느 쪽이 이 세상의 올바른 (즉, 진짜) 아름다움을 알고 있을까? 내가 보기에는 [천하의] 인의의 발단이나 시비의 길은 어수선하고 어지럽다. [그런데] 어찌 내가 그 구별을 알 수 있겠나.[36]

---

35) 조원일, 『고대중국의 사유세계』, (서울: 학문사), 2007, 89쪽.

36) 『莊子』「齊物論」: 民濕寢則腰疾偏死, 鰌然乎哉? 木處則惴慄恂懼, 猿猴然乎哉? 三者孰知正處? 民食芻豢, 麋鹿食薦, 蝍且甘帶, 鴟鴉耆鼠, 四者孰知正味? 猿猵狙以爲雌, 麋與鹿交, 鰌與魚游.

장자가 말하는 자연의 입장에서 보면, 결코 시비가 생기지 않는다. 왜냐하면 자연은 개별성을 지닌 개별적 주체이기 때문에 비교 대상이 존재하지 않는다. 그렇기에 위의 인용문은 자신의 관점을 투영시켜 사물을 보았기 때문에 옳고 그름이 생기게 되었다. 각자의 주어진 본성으로 보면 사람은 사람대로 미꾸라지는 미꾸라지대로 원숭이는 원숭이대로 알맞게 살아가는 것이다. 이를 자신의 삶의 기준에 그들을 편입시킨다면, 주어진 본성을 해치게 된다. 이와 같은 관점에서 보면 모장과 여희, 물고기, 새 그리고 순록의 아름다움의 기준은 저마다 다르다. 장자는 이러한 점을 지적하며, "저것 또한 하나의 옳고 그름이 있고, 이것 또한 하나의 옳고 그름이 있다"37)라고 한다.

> 도의 입장에서 보면 사물에 귀천은 없다. 그러나 사물의 입장에서 보면 스스로를 귀하다고 하고 상대방을 천하다고 한다.38)

'도'의 관점에서 보면, 즉 각 사물들의 개별적인 관점에서 벗어나면 옳고 그름이 존재하지 않는다. 단지 개별사물 나름의 옳고 그름만이 존재할 뿐이며 절대적인 옳고 그름이란 있을 수 없음을 말하는 것이다. 그러므로 만물과 인간의 관점으로 보면 모두 각자의 시비가 존재하게 되고 결국 상대적인 것에 불과하다고 할 수 있다. 즉, 인간의 경험적 인식의 대상으로 나타날 수 있는 우주의 모든 개체적 존재들의 보편타당한 존재론적 근거를 모두 '도'라고

毛嬙麗姬, 人之所美也. 魚見之深入, 鳥見之高飛, 麋鹿見之決驟. 四者孰知天下之正色哉? 自我觀之, 仁義之端, 是非之塗, 樊然殽亂, 吾惡能知其辯! 안동림 역, 『莊子』, (서울: 현암사), 2012, 개정2판 3쇄, 76~77쪽 인용.

37) 『莊子』「齊物論」: 彼亦一是非, 此亦一是非.

38) 『莊子』「秋水」: 以道觀之, 物無貴賤. 以物觀之, 自貴而相賤.

불렀다. 이처럼 '천'과 '도'는 '자연'과 같은 맥락에서 본다.

　　이제 도에 대해 마무리하자면,

　　　　도는 항상 아무것도 시행함이 없지만, 시행하지 않는 것이 없다.[39)]

　　이것은 "도는 무위하고 자연스러운 것으로 이 도의 속성에 따라 '무위자연'의 삶을 살 때 가장 행복한 삶을 살 수 있다고 보았다. 즉, 도 자체는 만물이 따라야 할 법칙이지만 그것은 오히려 시키지 않아도 그렇게 될 수밖에 없는 자연스러운 법칙이며, 강요하지 않고 만물은 스스로 타고난 본성에 따라 자생자화(自生自化)하는 특성이 있다."[40)]

　　따라서 『장자』 텍스트에서의 '도'는 고정불변하며 홀로 존재하는 것이 아니며, 모든 만물에 내재하고 있는 개별적 주체다. 그렇기에 '도'는 장자에게 '자연'의 작용방식으로 나타나 있다고 하겠다.

2) '화(化)': 자생자화(自生自化)

　　『장자』에서 '자연'은 고정되지 않음을 이야기하며 이쪽저쪽 어디에도 구속되지 않음을 이야기한다. 이는 『장자』에서 변화라는 것으로 우리에게 또 다른 '자연' 개념을 인식하게 한다.

　　위에서 논의한 바와 같이 '자연'은 무궁한 변화를 내재하고 있다. 그렇기에 『장자』는 우화를 통해 변화를 이야기한다. 텍스트에 언급된 우화들과 장자와의 대화를 통해 유추해보면, '자연'은 고정

---

39) 『老子』 37장: 道常無爲, 而無不爲. 김학목 역, 『노자 도덕경과 왕필의 주』, (서울: 홍익출판사), 2012, 개정판 1쇄, 188~189쪽 인용.

40) 신성열, 『노장의 예술철학』, (경기: 한국학술정보), 2010, 58~59쪽.

된 실체가 아니기 때문에 변화에 대해 민감하지 않다는 것이다. 거기다 변화는 어떠한 사태를 초월하겠다는 의지이기도 하다.

> 장자의 아내가 죽어서 혜자가 문상을 갔다. 장자는 마침 두 다리를 뻗고 앉아 질그릇을 두들기며 노래를 부르고 있었다. 혜자가 아내와 함께 살고 자식을 키워 함께 늙은 처지에 그 아내가 죽었는데 곡조차 하지 않는다면 그것도 무정하다 하겠는데도 질그릇을 두들기고 노래를 하다니 이거 심하지 않소! 장자는 대답했다. 아니, 그렇지가 않소. 아내가 죽은 당초에는 나라고 어찌 슬퍼하는 마음이 없었겠소. 그러나 그 태어나기 이전의 근원을 살펴보면 본래 삶이란 없었던 거요. 그저 삶이 없었을 뿐만 아니라 본래 형체도 없었소. 비단 형체가 없었을 뿐만 아니라 본시 기(氣)도 없었소. 그저 흐릿하고 어두운 속에 섞여 있다가 변해서 기가 생기고, 기가 변해서 형체가 생기며, 형체가 변해서 삶을 갖추게 된 거요. 이제 다시 변해서 죽어가는 거요. 이는 춘하추동이 서로 사철을 되풀이하며 운행함과 같소.41)

장자와 혜자와의 대화에서 알 수 있듯이, 삶과 죽음이라는 이분법적 관점이 아닌 삶과 죽음을 하나로 봄으로써, 생사를 넘어 초월하는 입장에서 이야기가 이루어진다. "여기서 장자는 기(氣)에 대해 말한다. 실제로 만물은 하나의 기에서 만들어진 개별자들일 뿐이다. 하나의 기가 온갖 서로 다른 사물들을 만들었기 때문에 그 참모습은 동일할 수밖에 없다. 그렇기에 장자는 삶과 죽음은 다르다고 생각하지만, 기가 모이고 흩어진 것이기 때문에 별로 다르지 않다고 한다."42) 이성희는 "장자에 나타난 氣의 가장 현저한 특징

---

41) 『莊子』「至樂」: 莊子妻死, 惠子弔之, 莊子則方箕踞鼓盆而歌. 惠子曰, "與人居. 長子老身, 死不哭亦足矣, 又鼓盆而歌, 不亦甚乎." 莊子曰, "不然, 是其始死也, 我獨何能無概然, 察其始而本無生, 非徒無生也而本無形, 非徒無形也, 而本無氣. 雜乎芒芴之間, 變而有氣, 氣變而有形, 形變而有生, 今又變而之死, 是相與爲春秋冬夏四時行也. 안동림 역, 『莊子』, (서울: 현암사), 2012, 개정2판 3쇄, 450~451쪽 인용.

42) 안종수, 『동양의 자연관』, (경기: 한국학술정보), 2006, 223쪽 참고.

은 쉼 없이 흐르고 운동하며, 그 운동은 유형[有]과 무형[無]을 넘나든다"[43]라고 말한다. 이렇듯 생사는 천지만물의 순환의 일종이며 자연의 본성이다. 그렇기에 '기(氣)'가 드러나고 사라지면서, 천지만물의 질서를 지키는 것이다. 앞에서 논의했다시피 자연에는 질서 정연한 구조를 지니고 있음을 증명한 것이라고 볼 수 있다.

> 노담이 죽었을 때 진일은 문상을 가서 곡을 세 번만 하고 나와 버렸다. 제자가 물었다. 그분은 선생님 벗이 아닙니까? 대답했다. 그렇지. 그렇다면 그런 문상으로 괜찮을까요? 괜찮아. 처음 나는 그를 인물이라고 보았네만 지금은 달라. 아까 내가 들어가 문상 할 때, 늙은이는 제 자식을 잃은 듯이 곡을 하고 있고, 젊은이는 제 어버이를 잃은 듯이 곡을 하고 있더군. 그가 사람들을 모은 원인 중에는 반드시 요구는 안 했더라도 슬픔을 말하고 곡을 하도록 은연중 시킨 바가 있기 때문이지. 이것은 자연의 도리에서 벗어나 진실을 거역하고 하늘로부터 받은 본분을 잊음이야.[44]

위의 인용문도 마찬가지로, 생사는 하늘로부터 주어진 것이므로 사람이 거기에 구애되는 한, 고통을 면할 길이 없다. 생사를 모두 자연에 맡길 때 사람은 생사를 초월하고 그 고통에서 빠져나올 수 있다.[45] 이를 『장자』에서는 "삶이 있기 때문에 죽음이 있다. 죽음이 있으면 삶이 있다"[46]라고 말한다. 결국 삶은 동시에 죽음이며 산다는 것은 곧 죽음과 같은 것이다. 이는 "사람과 생사와 존망을

---

43) 이성희, 「莊子사상에 나타난 미적 범주와 동양예술-氣를 중심으로」, 『동양문화연구』, 제10집, 영산대학교 동양문화연구원, 2012, 37쪽.

44) 『莊子』「養生主」: 老聃死. 秦失弔之, 三號而出. 弟子曰. "非夫子之友邪?" 曰, "然." "然則弔焉若此, 可乎?" 曰, "然." 始也吾以爲其人也, 而今非也. 向吾入而弔焉, 有老者哭之, 如哭其子, 少者哭之, 如哭其母. 彼其所以會之, 必有不蘄言而言, 不蘄哭而哭者. 是遁天倍情, 忘其所受. 안동림 역, 『莊子』, (서울: 현암사), 2012, 개정2판 3쇄, 98쪽 인용.

45) 안동림 역, 『莊子』, (서울: 현암사), 2012, 개정2판 3쇄, 99쪽 참고.

46) 『莊子』「齊物論」: 方生方死 方死方生.

하나로 여기며, 자기가 본디 삶도 죽음도 없는 곳에서 살고 있다는 사실을 자득할 때, 지금 살고 있는 자기의 삶을 자기 삶 자체로서 자유롭게 받아들일 수 있는 경지에 도달"47)한다고 할 수 있다. 이를 만물일체(萬物一體)라고 한다.

> 언제인가 장주는 나비가 된 꿈을 꾸었다. 훨훨 날아다니는 나비가 된 채 유쾌하게 즐기면서도 자기가 장주라는 것을 깨닫지 못했다. 문득 깨어나 보니 틀림없는 장주 아닌가. 도대체 장주가 꿈에 나비가 되었을까? 아니면 나비가 꿈에 장주가 된 것일까? 장주와 나비에는 반드시 구별이 있다. 이러한 변화를 물화(物化)라고 한다.48)

위의 인용문은 만물일체(萬物一體)를 잘 드러낸 예이다. "우리의 사유의 방식을 인간 대 자연, 인간 대 인간 등의 주체와 객체의 관계로 보지 않고 인간이 물화되고 사물이 인간화되어 있는 그대로의 자연스러운 모습으로 변화, 전환한다."49) 보통 사람들은 꿈과 현실, 나와 나비를 구분하지만 도를 터득한 장자에게는 나와 너의 구별이 없고 만물은 하나로 보인다. 보통사람은 자신을 고집하고 자신의 육체에 구속이 되지만 만물일체의 경지에 이른 사람은 자신을 고집하지도 않고 자신의 육체에 구속되지 않는다. 그래서 인간이 되어도 좋고 나비가 되어도 좋다고 한다.50) 이러한 고정관념 탈피의 시도는 바로 '자기중심 판단'에서 '사물중심 판단'

---

47) 福永光司, 이동춘·임헌규 역, 『莊子-고대중국의 실존주의』, (경기: 청계), 1999, 181쪽.

48) 『莊子』「齊物論」: 昔者, 莊周夢爲胡蝶, 栩栩然胡蝶也, 自喻適志與, 不知周也. 俄然覺, 則蘧蘧然周也. 不知周之夢爲胡蝶與, 胡蝶之夢爲周與, 周與胡蝶, 則必有分矣. 此之謂物化. 안동림 역, 『莊子』, (서울: 현암사), 2012, 개정2판 3쇄, 86~87쪽 인용.

49) 신정원, 「장자 인식론의 미학적 사유」, 『인문과학』, 제65집, 성균관대학교 인문과학연구소, 2017, 147~148쪽.

50) 안종수, 『동양의 자연관』, (경기: 한국학술정보), 2006, 225쪽.

으로의 전환을 의미한다.[51]

> ㉠ 북녘 바다에 물고기가 있다. 그 이름은 곤이라고 한다. 곤의 크기는 몇천 리나 되는지 알 수가 없다. 이 물고기가 변해서 새가 되면 그 이름을 붕이라 한다. 붕의 등 넓이는 몇천 리가 되는지 알 수가 없다. 힘차게 날아오르면 그 날개는 가득히 드리운 구름과 같다. 이 새는 바다 기운이 움직여 대풍이 일 때 그것을 타고 남쪽 바다로 날아가려 한다. 남쪽 바다란 곧 천지를 말한다.[52]

> ㉡ 매미와 비둘기가 그를 비웃으며 말한다. 우리는 힘껏 날아올라야 느릅나무나 대목나무에 머무르지만 때로 거기에도 이르지 못해서 땅바닥에 내동댕이쳐진다. 그런데 어째서 구만리나 올라가 남쪽으로 가려 하는가.[53]

생사의 변화뿐만 아니라 생명체의 변화로도 '자연'을 이야기하는데, 이를 통해 장자는 인식 차원의 변화를 이야기한다. 우리의 고정된 관점에서 탈피하고자 하는 의지라고도 볼 수 있다. ㉡의 인용문에서와 같이 매미와 비둘기는 자신들의 좁은 시야를 탈피하지 못하고 있는 생명체이다. 이러한 매미와 비둘기 같은 관점은, 더 이상의 변화를 추구하지 못할 뿐만 아니라 자연의 작용되는 순간인 '스스로 그러함'을 알지 못한다. 그렇기에 장자는 변화를 자연스러운 본성으로 여긴다.

한편으로 변화에 대한 논의를 더 해보자면, "변화는 변화하는 것들, 즉 주변에 있는 다른 요소들과의 일정한 관계 속에서 일어

---

51) 안종수, 위의 책, 148쪽.

52) 『莊子』「逍遙遊」: 北冥有魚, 其名爲鯤, 鯤之大, 不知其幾千里也. 化而爲鳥, 其名爲鵬, 鵬之背, 不知其幾千里也. 怒而飛, 其翼若垂天之雲, 是鳥也, 海運則將徙於南冥. 南冥者, 天池也. 안동림 역, 『莊子』, (서울: 현암사), 2012, 개정2판 3쇄, 27쪽 인용.

53) 『莊子』「逍遙遊」: 蜩與學鳩笑之曰, "我決起而飛, 槍榆枋, 時則不至而控於地而已矣, 奚以之九萬里而南爲?" 안동림 역, 『莊子』, (서울: 현암사), 2012, 개정2판 3쇄, 30쪽 인용.

나며, 변화하기 이전 상태와 변화한 이후의 상태가 일정한 관련을 맺고 일어난다. 이처럼 변화하는 것들 사이에 긴밀한 관련이 있을 때 자연은 일관성 있는 모습으로 나타난다. 산이 끊임없이 변화하기는 하지만 우리가 어떤 산을 이전에 보았던 그 산이라고 알 수 있는 것은 이러한 일관성을 유지하기 때문이다. 이처럼 계속해서 변화하기는 하지만 일정한 관련을 맺으면서 변화하고 어느 정도 일관성 있는 모습을 유지하게 될 때 '질서'가 나타나게 된다. 질서는 외부에서 주어지는 것이 아니라 상호작용에 일관성 있는 관련이 있을 때 나타나는 것이다. 상호작용 속에 있는 관계인 질서는 그 자체가 능동적이기 때문에 스스로 변화하고 발전한다. 그러므로 질서는 변화하지 않는 고정된 것을 말하지 않는다. 질서는 변화하는 다양한 요소를 포함하면서 일관성 있는 방식으로 변화하는 것을 말한다."54)

이러한 질서를 지닌 변화를 "스스로 변화[自化]"하는 것으로 볼 수 있다. 따라서 '자연'은 도와 같이 '스스로 생기고 스스로 변화하는 것[自生自化]'이다.

그렇기에 이제 본서에서 논의하는 '도'는 '자연'과 같은 의미로 쓰인다. 그리고 '자연'은 고정됨이 없고 스스로 그 자체로서 존재하는 변화무쌍한 존재인 '화'와 동일한 위치에서 논의할 수 있을 것이다.

---

54) 존 듀이, 박철홍 역, 『경험으로서 예술 1』, (경기: 나남), 2016, 39쪽.

제3장

『장자』를 통해 바라본
심미적 관점의 한계

우리가 대상(혹은 사물)을 파악하고자 할 때 그 시작은 일반적으로 인식으로부터 출발한다. 『장자』를 통해 본 심미적 관점의 한계는 언뜻 인식의 한계와 결이 같다고 볼 수 있다. 이 때문에 심미적 관점의 한계도 '어떠한' 개념으로부터 발화될 때 시작한다. 그것은 물(物), 정(情) 그리고 지(知)라고 할 수 있다.

1. 타자로서의 물(物)

1) 대대(對待)

『장자』에서의 '물(物)'은 "모습과 꼴과 소리와 색이 있는 것"[1]이라 한다. 그렇기에 존재하는 모든 사물이 '물'임을 알 수 있다.

이 장에서의 '물'은 나[我]가 아닌, 즉 타자[他]를 이야기한다. 이것이 인식의 첫 번째라고 할 수 있는데 내가 아닌 타자를 인지

---

1) 『莊子』「達生」: 有貌象聲色者, 皆物也.

하게 되면서부터 시작된다. "인간은 인식 대상과 접촉하면 감각자료를 얻게 되고, 이 감각 자료에 사유 작용을 가하게 된다. 이렇게 하여 인간은 지식을 얻게 된다."[2] 예술 창작활동의 측면에서 보자면 작품과 마주할 때거나, 창작자와 작품의 관계라고 하겠다.

'대대(對待)'란 '짝하고[對]', '의존한다[待]'는 뜻으로 서로 짝하면서 의존한다는 것을 의미한다. 예를 들면, 계란이 수박과 있으면 작다는 규정을 받지만, 콩과 있으면 크다는 규정을 받는다. 관계를 떠나서는 크다, 작다는 식의 규정은 의미가 없는 것이다. 이렇듯 중국철학 전통에서 개념적 규정은 항상 대대의 논리에 따라 진행된다.[3] 다시 말하면, 하나의 A사물이 크다고 한다면, 그것과 관계하는 B사물에는 작다는 의미가 부여된다. 다시 B사물이 작다고 규정이 되었는데 C사물과의 관계에서는 크다는 의미를 부여받게 된다. 여기서의 문제는 A·B·C사물들의 그 자체를―혹은 본성을―제대로 인식하지 못한다는 것이다. 이것이 대대의 관점이다.

이러한 대대의 관점으로 사물을 본다면, 자연의 관점에서는 부정적 측면으로 논의된다. 하지만 오랫동안 전해온 "중국 전통의 윤리 중 유명한 삼강오륜(三綱五倫)도 바로 이런 대대의 논리를 전제로 하고 있다. 삼강은 군위신강(君爲臣綱)·부위자강(父爲子綱)·부위부강(夫爲婦綱)을 말하는데, 이것은 글자 그대로 임금과 신하, 어버이와 자식, 남편과 아내 사이에 마땅히 지켜야 할 도리다. 또 오륜은 오상(五常) 또는 오전(五典)이라고도 하는데, 부자유친(父子有親)·군신유의(君臣有義)·부부유별(夫婦有別)·장유유서(長幼有序)·붕우유신(朋友有信)의 다섯 가지로, 아버지와 아들 사이

---

2) Diana Draganut, 「莊子의 知識과 眞知의 問題에 관한 硏究」, 연세대학교 석사학위논문, 2003, 12쪽.
3) 강신주, 『莊子: 타자와의 소통과 주체의 변형』, (경기: 태학사), 2012, 141~142쪽 참고.

의 도는 친애함에 있으며, 임금과 신하의 도리는 의리에 있고, 부부 사이에는 서로 침범치 못할 구별이 있으며, 어른과 어린이 사이에는 차례와 질서가 있어야 하며, 벗 사이의 도리는 믿음에 있음을 뜻한다. 이처럼 삼강오륜도 기본적으로 대대의 논리로 점철되어 있다."4) 이렇게 군신·부자·부부·장유·친구 사이는 인간세계의 관계를 말하는데, 장자는 위의 언급된 관계들을 부정한다.

장자는 사물을 있는 그대로 보는 '자연'의 관점을 지녔다. 그런데 무언가 짝하여 개념을 논하는 행위는 의미 없는 것을 인식하는 행위다. 그래서 대대의 논리는 상대적 관점이라고 할 수 있으며, 한정된 기준점이라고 할 수 있다. 『노자』에서도 인간의 인식과 판단이 상대적이라고 보고 있다.

> 세상 사람들은 모두 아름다운 것이 아름다운 것이 된다고 알고 있는데, '아름다운 것이 아름다운 것이 됨'은 추한 것 때문일 뿐이고, 모두 선한 것이 선한 것이 된다고 알고 있는데, 선한 것이 선한 것이 됨은 선하지 않은 것 때문이다. 그러므로 있음과 없음은 서로를 낳고, 어려움과 쉬움은 서로를 이루어주며, 길고 짧음은 서로가 비교하고, 높음과 낮음은 서로 차이가 생기며, 곡조와 소리는 서로 반응하고, 앞과 뒤는 서로가 따른다. 이 때문에 성인은 '어느 것도 시행함이 없음'이라는 일에 머물러 있고, 말없는 교화를 행한다. 만물이 어떤 것을 일으켜도 말하지 않고, 무엇인가 내놓아도 있다고 하지 않으며, 무엇을 시행해도 그것에 의지하지 않고, 공을 이루어도 그것에 머물러 있지 않는다. 단지 머물러 있지 않을 뿐이다. 이 때문에 공이 떠나가지 않는다.5)

---

4) 강신주, 『莊子: 타자와의 소통과 주체의 변형』, (경기: 태학사), 2012, 143쪽.
5) 『老子』 2장: 天下皆知美之爲美, 斯惡已. 皆知善之爲善, 斯不善已. 故有無相生, 難易相成, 長短相形, 高下相傾, 音聲相和, 前後相隨. 是以聖人處無爲之事, 行不言之敎. 萬物作焉而不辭, 生而不有, 爲而不恃. 功成而不居, 夫唯不居, 是以不去. 원문 번역은 김학목 역, 『노자 도덕경과 왕필의 주』, (서울: 홍익출판사), 2012, 개정판 1쇄, 50~54쪽 인용.

이것을 송영배는 "'아름다움[美]'과 '추함[惡]', '좋은 것[善]'과 '나쁜 것[不善]', '있음[有]'과 '없음[無]', '어려움[難]'과 '쉬움[易]', '긴 것[長]'과 '짧은 것[短]' 등을 각각의 하나로 고립되어 있는 독립적 실체로 파악할 것이 아니라, 상호 의존적·상대적으로 파악하고 이해해야 한다고 본다. 즉, 어느 일방을 타방과 관계 없이 절대적으로 인식할 수 없다는 것이다. 따라서 단지 하나의 입장만을 절대적·배타적 기준으로 내세우는 어느 학파의 어떤 적극적 주장도 노자는 결코 절대적인 '진리'로 받아들일 수가 없었다. 그에 의하면 그런 '참된 진리', 즉 '도'는 언어적 규정이나 개념적 정의 너머에 있는 것"[6]이라고 하였다.

도—혹은 자연—의 관점에서 사물들을 보면 사물들 사이의 피차(彼此)·시비(是非)·귀천(貴賤)·미추(美醜)·선악(善惡) 등의 대비는 있을 수 없다. 그러나 인간이 자신의 주관적 판단이나 분별지를 통해 자신만의 입장을 견지하면서 차별이 생긴다. 도에 비해 사물들은 부분적이고 제한된 개별자이기 때문에 사물의 관점에서 보면 사물들 사이의 피차·시비·귀천·미추가 구별되지 않을 수 없다.[7]

이것을 예술작품의 측면으로 본다면 예술의 시비문제로부터 출발한다. 마르셀 뒤샹의 <샘>은 기성품이 작품이 된 최초의 사물이다. 변기와 작품 사이에서 형식의 차이로 예술이 되었다고 할 수 있는데, <샘> 자체가 아닌 당시 예술계(Art World)[8]가 <샘>을 작

---

6) 송영배, 『고대중국 철학사상』, (서울: 성균관대출판부), 2014, 277~278쪽 참고. 여기서 송영배는 '惡'를 '미워함'으로 번역했지만, 본서의 흐름과 취지상 '추함'이 맥락에 맞아, '추함'이라고 사용했다.

7) 조민환, 『중국철학과 예술정신』, (서울: 예문서원), 1998, 162쪽.

8) 아서 단토가 예술을 정의하기 위해 내놓은 개념으로, 비평가, 예술철학자, 감상자 등 예술작품을 둘러싸고 있는 외부적 요인을 말한다. 이것은 조지 딕키, 오병남 역, 『현대미학』, (서울: 서

품으로 인정하게 만들었다. 덧붙이면 대대의 '~에 의존한다'는 의미로 한정하여 볼 때, <샘>이 예술계에 부합하였기에 예술이라고 명명됨이 가능했다고 볼 수 있다. 이렇듯 작품 스스로가 아닌 타자에 의해 작품이라는 자격을 받게 된 것이다. 예술계는 '절대적 진리'로 작용하여 인식의 차원을 변화시켰다.

하지만 사물 스스로의 변화가 아닌 외재적 요소의 개입으로의 변화는, 장자가 말하는 자화(自化)로서의 작용이 아니다. 그래서 장자는 물—즉, 타자[他]—의 관점을 부정한다. 작품 <샘>의 경우는 절대적 진리가 인식의 차원을 변화시켰지만, 대부분의 경우 절대적 진리로서의 작용이 사물의 본성을 제대로 파악하지 못하는 실수를 제공한다. 그렇기에 절대적 진리든 대대의 관점으로 다가가든, 모든 사물은 시공간에 따라 변화함을 염두에 두어야 한다.

「추수」편에서도 "사물이 생겨나 변화하는 것이 마치 말이 달리듯 재빠르다. 움직여서 변화하지 않는 것이 없고 시간에 따라 변화되지 않은 게 없다"[9]라며 '물(物)'의 시간성을 이야기한다. 다시 한번 "모든 물이 스스로 변화함"[10]을 강조한 것이다.

하나의 사물은 온전히 보려면 앞서 논의해온 '자연' 상태로 접근해야 한다. 하지만 우리는 예술작품—혹은 명확한 기준이 없는 사물—을 대할 때 어떠한 기준이 되는 잣대를 들고 보려고 한다. 여기서도 마찬가지로 기준에는 공정성이 없으며 때론 개인적인 생각의 일면으로 이루어진 것으로 볼 수 있다.

엄밀히 말하면 작품을 보는(seeing) 것이 아니라 해석(interpretation)하려는 표현이 맞을지도 모르겠다. 때문에 모든 사

광사), 1990의 1장 「예술이란 무엇인가」에 설명되어 있다.

9) 『莊子』 「秋水」: 物之生也, 若驟若馳. 無動而不變, 無時而不移.

10) 『莊子』 「秋水」: 固將自化.

태의 시비문제를 발생하게 하는 것과, 심미적 접근을 방해하는 것
은 사물을 그대로 보지 않고 이론과 같이 언어로 설명된 무언가,
혹은 언어로 한계를 제공한 무언가를 기준으로 삼기 때문이라고
말할 수 있겠다.

2) 언어[言]: 지칭[名]의 문제

언어란 인습적인 관념이다.

> 세상에는 도를 위해 소중히 여기는 것으로 책이 있다. [그러나]
> 책은 말에 지나지 않으며 말에는 소중한 데가 있다. 말이 소중하
> 게 여겨지는 까닭은 뜻 때문이다. 뜻에는 가리키는 바가 있다. 뜻
> 이 가리키는 것을 말로는 전할 수가 없다. 그런데도 세상에서는
> 말을 소중히 여기기 때문에 책을 전해주고 있다. 세상이 아무리
> 소중히 여긴대도 소중하게 생각할 만한 것이 못 된다. 그들이 소
> 중히 여기는 것이란 정말로 소중하지는 않다. 도대체 눈으로 보
> 아서 보이는 것은 형체와 색깔이고 귀로 들어서 들리는 것은 [사
> 물의] 음성이다. 슬프구나, 세상 사람들은 그 형체, 색깔, 이름,
> 음성으로 도의 참모습을 터득할 수 있다고 생각하다니. 그 형체,
> 색깔, 이름, 음성으로는 도저히 도의 참모습을 터득할 수 없는 법
> 이다. 그러니까 참으로 아는 자는 말하지 않고 말[로 설명]하는
> 자는 아는 것이 없다고 한다.[11]

우선 주목할 점은 장자의 사상체계에 두 층차가 존재한다는 점
이다. 즉, 도의 세계와 세속의 세계이다. 이 두 세계를 이어주는
끈이 바로 글과 말인 셈이다. 그런데 이들 수단은 본래의 역할을

---

11) 『莊子』「天道」: 世之所貴道者書也, 書不過語, 語有貴也. 語之所貴者意也, 意有所隨. 意之所隨
者, 不可以言傳也. 而世因貴言傳書. 世雖貴之哉, 猶不足貴也, 爲其貴非其貴也. 故視而可見者,
形與色也. 聽而可聞者, 名與聲也. 悲夫, 世人以形色名聲爲足以得彼之情. 夫形色名聲果不足以得
彼之情, 則知者不言, 言者不知. 안동림 역, 『莊子』, (서울: 현암사), 2012, 개정2판 3쇄, 364쪽
인용.

그 속성상 다할 수 없다는 것이 장자의 생각이다.[12] 장자는 도의
참모습은 말로 전할 수 없다고 말하면서, 존재하는 모든 것은 우
리가 보는 것, 말할 수 있는 것으로 나타나지 않는다고 한다. 그러
므로 도의 진정한 모습은 말로 형용할 수 있는 무언가가 아님을
알 수 있다.

이제 『장자』에서 언어[言]에 대한 견해를 살펴보자.

> 대체로 말이란 단순히 소리를 내는 것만은 아니다. 말에는 뜻이
> 있다. 그 말의 뜻이 애매하여 뚜렷하지 않다면 과연 말을 했다고
> 할 수 있을까. 아니면 안 한 거나 마찬가지일까. 그래도 새 새끼
> 소리와는 다르다고 한다면 거기에 구별이 있을까, 없을까. 도는
> 어디에 가려진 채 진실과 허위가 나올까. 말은 어디에 가려진 채
> 시비가 나올까. 참된 도는 어디에나 다 있고, 소박한 말은 어디서
> 나 받아들여진다. 그런데 그 도는 잔재주에 가려지고, 말은 화려
> 한 수식 속에 파묻힌다.[13]

이렇듯 말은 단순히 소리를 내는 것과는 구분된다. 언어에는 내
용이 있으며 의미를 지니고 있다. 언어라는 것은 경험적 인식으로
접근할 수 있는데, 경험은 하나의 집단에서 이루어진다. 모국어 개
념으로 접근한다면 이해하기 쉽다. 새로운 언어권에서 언어를 알
기 이전에는 말이 어떠한 의미를 지녔는지 알 수 없어 단순한 소
리로 인식하게 되지만, 뜻을 인지하게 되는 순간부터 언어에 의미
가 담겨 있음을 안다. 또한 그들만의 언어로 생활해왔기 때문에
하나의 문화권을 형성하게 된다. 강신주는 이를 '공동체'라고 설명

---

12) 송영배, 『고대중국 철학사상』, (서울: 성균관대학교출판부), 2014, 327쪽.
13) 『莊子』 「齊物論」: 夫言非吹也, 言者有言, 其所言者特未定也. 果有言邪. 其未嘗有言邪. 其以爲
異於鷇音, 亦有辨乎, 其無辨乎. 道惡乎隱而有真偽. 言惡乎隱而有是非. 道惡乎往而不存. 言惡乎
存而不可. 道隱於小成, 言隱於榮華. 안동림 역, 『莊子』, (서울: 현암사), 2012, 개정2판 3쇄,
57~58쪽 인용.

했다. 하나의 문화권이 형성되면 무언의 규칙이 존재하게 된다. 이는 매번 인식할 수도 있고, 아니면 습관화되어 인식 자체를 모를 수 있다. 하나의 문화권은 일정한 질서도 지닌다. 대대의 관점에서 보면 터무니없는 개체가 덩그러니 존재하는 것이 아니라 그것과 짝할 수 있는 모든 주위 것들과 조화를 이루어 존재하여 하나의 질서 혹은 규준을 만든다고 할 수 있다. 따라서 질서와 나름의 규준 자체가 부정적인 것이 아니라, 하나의 공동체에서 구성된 나름의 규준이 다른 문화권에서 같은 가치로 적용되어 작용될 때가 문제인 것이다.

> 지금 있는 손가락으로 그 손가락이 진짜 손가락이 아님을 설명하는 것은, 지금 있는 손가락이 아닌 것으로 설명함만 못하다. 지금 있는 말(馬)로 그 말이 진짜 말이 아님을 설명하는 것은, 지금 있는 말이 아닌 것으로 설명함만 못하다.[14]

손가락이라 할 때 그것은 어디까지나 '손가락'이라는 말이거나 또는 문자이며 실제의 손가락은 아니다. 언어는 어디까지나 언어이며, 문자는 어디까지나 문자일 뿐 실체를 담아 전달해주지는 못한다. 그래서 언어나 문자는 실체가 아니며, 실체의 껍데기이다. 이것이 바로 언어가 가지는 문제라고 할 수 있다.[15] 이러한 문제를 박이문은 "언어가 그냥 사물 현상이 아니라 그것을 사용하는 사람의 의도를 전제하는 이상 언어의 의미는 화자의 의도와 떼어 놓고 생각할 수 없다. 그리고 언어를 사용한 사람의 의도한 그 사람이 그 언어를 사용했을 때의 생각을 지칭하는 것에 지나지 않는

---

14) 『莊子』「齊物論」: 以指喻指之非指, 不若以非指喻指之非指也. 以馬喻馬之非馬, 不若以非馬喻馬之非馬也. 안동림 역, 『莊子』, (서울: 현암사), 2012, 개정2판 3쇄, 61쪽 인용.

15) 조민환, 『중국철학과 예술정신』, (서울: 예문서원), 1998, 172쪽 참고.

한, 한 언어의 의미는 그것을 사용한 사람의 특수한 경우의 생각이라고 하겠다."16)라고 말한다. 왜냐하면, 사물을 인식하는 데에 사물을 온전히 보는 것, 존재 그 자체로 보는 것은 매우 중요한 일이지만, 사물을 지칭함으로써 문제가 생겨나기 때문이다. 이를 미셸 푸코(Michel Foucault, 1926~1984)는 사물을 지칭하는 문제를 "근본적으로 언어의 기능을 명명하는 것, 다시 말해 재현을 일으켜 세우거나 손가락으로 지적하는 것이라면, 언어는 판단이 아니라 지시"17)라고 보았다. 그렇기에 사물이 인식되는 시작은 '이것은~이다'라고 언어로 규정되었을 때이다.

예를 들면, '꽃'이란 낱말이 꽃이란 종류의 사물을, '토끼'라는 낱말이 토끼라는 동물을 지칭하고, '나는 학교에 간다.'는 문장은 내가 학교에 간다는 사실을 뜻할 수 있으며 그래서 그 뜻이 한국말을 아는 모든 사람들에게 이해되는 이유는 '꽃', '토끼'라는 낱말, 그리고 '나는 학교에 간다.'는 문장이 각기 꽃이나 토끼라는 것들, 또는 내가 학교에 간다는 사실이 사회적으로 마련된 약속에 의해서 규정되어 있기 때문이다. 비트겐슈타인(Ludwig Wittgenstein, 1889~1951)이 지적한 것처럼 한 언어를 안다는 것은 그것을 사용할 줄 안다는 말이며 그것을 사용할 줄 안다는 것은 그 언어를 형성하는 약속의 내용, 즉 규칙을 안다는 말에 지나지 않는다.18)

> 사물은 이름을 붙이니까 그렇게 불리게 된다. 그러면 어째서 그렇게 여기게 될까? 그렇게 여겨지는 모습 때문에 그렇다고 한다. 어째서 그렇지 않다고 여기게 될까? 그렇게 여겨지지 않는 모습

---

16) 박이문, 『예술철학』, (서울: 문학과지성사), 2011, 138~139쪽.

17) 미셸 푸코, 이규현 역, 『말과 사물』, (서울: 민음사), 2012, 167쪽.

18) 박이문, 『예술철학』, (서울, 문학과 지성사), 2011, 120~121쪽 참고.

때문에 그렇지 않다고 한다. 사물에는 본래 그래야 할 것이 갖추
어져 있고, 또 본래 좋다고 할 만한 데가 있어서 어떤 사물이든
그렇지 않은 것이 없이 좋지 않은 데가 없는 것이다.[19]

위의 인용문을 보면 어떠한 사물에 이름[名]이 붙여지면 비로
소 이름과 같이 다루어지고, 의미가 고정된다. 명칭이 붙여지면
사물에 대하여 분별하고자 하는 마음이 생기게 되고 그로 인해
시비(是非)의 판단으로 이어진다. 사물은 스스로 존재하는 것이기
때문에 본래 시비라는 것이 없는데, 사물에 이름을 부여하면서 의
미에 따른 한계가 설정되면서 시비가 생기게 되었다는 것이다. 이
를 강신주는 "언어는 화려한 수사들로 가리어져서 옳고 그름을
따지는 시비판단이 생긴다. 원래 사물들은 우리가 그렇게 불러서
그렇게 된 것이다"[20] 하는 것으로 재구성했다. 따라서 언어로 생
긴 시비 분별은 상대성의 문제와도 연결되지만, 언어의 문제로만
본다면, 언어의 지칭, 즉 이름을 붙여 규정화하는 데에서 오는 것
이다.

후기 묵가[21]에서도 이러한 지칭작용을 세 가지로 문제 삼아 보
았다. "가장 간단한 것은 단명으로 사물을 열거하는 것이고, 조금
복잡한 것은 이름과 이름 간의 전환관계, 그리고 마지막 발화자와
이름 사이에 의향이 개재된 더하기의 관계다."[22]

　　모든 사물은 완성이건 파괴건 다 같이 하나이다. 다만 도에 다다

---

19) 『莊子』 「齊物論」: 物謂之而然. 惡乎然, 然於然. 惡乎不然, 不然於不然. 物固有所然, 物固有所
　　可. 無物不然, 無物不可. 안동림 역, 『莊子』, (서울: 현암사), 2012, 개정2판 3쇄, 61쪽 인용.

20) 강신주, 『莊子: 타자와의 소통과 주체의 변형』, (경기: 태학사), 2012, 109쪽.

21) 후기묵가뿐만 아니라 고대 중국의 언어의 문제에 대해서 간략하게 정리한 논문이라 참고하
　　였다. 정재현, 「후기 묵가의 명학 연구」, 『철학적분석』, 제3호, 한국분석철학학회, 2001.

22) 정재현, 『고대 중국의 명학』, (서울: 서강대학교 출판부), 2012, 75쪽.

른 자만이 다 같이 하나임을 깨달아, 자기의 판단을 내세우지 않
고 사물을 평상시의 자연스러운 상태 속에 맡겨둔다. 평상시의
상태란 아무 쓸모가 없는 듯하면서도 오히려 크게 쓸모가 있으
며, 이런 쓸모가 있는 것은 무슨 일에나 스스로의 본분을 다하고
자기의 삶을 즐길 수가 있게 된다. 이렇듯 충분히 자기의 삶을
즐길 수 있으면 도에 가깝다고 한다. 모든 것을 그저 자연에 맡
길 뿐, 그러면서도 그런 따위를 의식하지 않는다. 그것을 도라고
한다.[23]

위의 인용문을 보면 모든 사물은 완성도 없고 파괴도 없는 결국
동일한 하나라고 말한다. 물(物)을 분별의 입장에서 보면 완성과
파괴가 존재하게 된다. 하지만 사물을 그 자체로서 온전히 인식한
다면, 완성도 파괴도 없는 하나의 '어떤 것'이다. 이렇듯 자기 판
단을 내세우게 된다면, 사물의 쓰임과 쓰이지 않음을 제대로 인지
할 수가 없다.

이렇듯 언어 사용의 부정적 측면을 강조하고 있지만, 그렇다고
언어를 사용하지 말자는 의미는 아니다. 각각의 삶의 문맥에서 이
루어지면 문제가 되지 않기 때문이다. 삶의 문맥이란 주관적 세계
인 경험에 근거하여 이루어진다. 따라서 인간이 사용하는 모든 말
은 주관적 가치판단이 개입될 수밖에 없다. 그렇기에 언어는 온전
한 의미를 전달하는 데에 한계가 있다.

통발은 물고기를 잡기 위해 있으며 물고기를 잡고 나면 통발 따
위는 잊히게 마련이다. 또 올가미는 토끼를 잡기 위해 필요하며
토끼를 잡고 나면 올가미는 잊히고 만다. 말은 생각을 전하기 위
해 있으며 생각하는 바를 알고 나면 말 따위는 잊고 만다.[24]

---

23) 『莊子』「齊物論」: 凡物無成與毁, 復通爲一. 唯達者知通爲一, 爲是不用而寓諸庸. 庸也者, 用也.
用也者, 通也. 通也者, 得也. 適得而幾已. 因是已. 已而不知其然, 謂之道. 안동림 역, 『莊子』,
(서울: 현암사), 2012, 개정2판 3쇄, 62~63쪽 인용.

24) 『莊子』「外物」: 筌者所以在魚, 得魚而忘筌, 蹄者所以在兔, 得兔而忘蹄, 言者所以在意, 得意而

언어는 의(意)를 다 표현할 수 없고, 언어가 표현한 것은 구체적인 사유 내용의 일부이기 때문에 그것을 듣고 이해하는 측에서 보면 '득의망언(得意忘言)' 해야만 한다. 여기서 망언은 결코 언사(言辭)를 포기하고 배척한다는 것이 아니다. 받아들이는 사람의 의를 이해했다면 언사가 표현한 것에 구속되지 않고 언외(言外)의 부분을 깨달아 더욱 완전한 의를 획득하는 것을 의미한다.25)

이러한 측면을 하이데거(Martin Heidegger, 1889~1976)의 『예술작품의 근원』에서도 찾아볼 수 있다. "도구의 도구다움을 파악하기 위해서라면 차라리 실제로 도구가 쓰이고 있는 상황 가운데서 도구를 살펴보아야만 하지 않을까? 촌 아낙네는 밭일을 하면서 신을 신고 있다. 이때 비로소 구두는 구두로서 존재한다. 그리고 그 아낙네가 일을 하면서 구두에 대해 생각하지 않으면 않을수록, 혹은 그것을 쳐다보지 않고 심지어 구두를 신고 있다는 것조차 느끼지 못하면 못할수록, 그만큼 더 그 구두는 진정으로 존재한다."26) 도구다움은 뜻을 지닌 것이다. 이를 인지하지 않고 습관화되어야 진정한 도구로서 작용하는 것이다. 이렇듯 구두의 도구다움을 잊은 후에야 구두로서 존재한다고 하겠다.

르네 마그리트, <이미지의 반역
이것은 파이프가 아니다>,
캔버스에 유채, 60x81cm, 1929.

르네 마그리트(René Magritte, 1898~1967)의 <이미지의 반역> 그림을 예로 보면, 언어와 사물이 가지는 관습적 측면으로 접근한

忘言. 吾安得夫忘言之人, 而與之言哉. 안동림 역, 『莊子』, (서울: 현암사), 2012, 개정2판 3쇄, 668~669쪽 인용.

25) 조민환, 『중국철학과 예술정신』, (서울: 예문서원), 1998, 179쪽.

26) 하이데거, 오병남·민형원 공역, 『예술작품의 근원』, (서울: 예전사), 1996, 37쪽.

다. 이 작품은 오브제와 그 상징 간의 괴리감을 보여준다. 파이프를 그리고 바로 아래에 '이것은 파이프가 아니다(Ceci n'est pas une pipe)'라는 문구를 적음으로써 마그리트는 묘사 혹은 재현의 모든 과정에 의문을 일으켰고, 이 과정에서 이미지가 오브제를 나타낼 수도 있고 잘못된 언어와 결합하면 이미지가 심지어 오브제로 여겨질 수도 있음을 지적했다.[27]

『노자』에서 "이름 없음[無名]이 천지의 시작이다"[28]라고 했듯이, 천지 이전에 무명이 존재했다는 것을 알 수 있다. 무명이란, '도' 따라서 '자연' 상태를 이야기하는데 이는 천지 이전에 '자연'이 존재했다는 것이다. 여기서 천지는 개별적인 존재들보다 상위 개념이다. 그러나 여기서 정확히 이해해야 할 것은 천지가 개별적 사물들과 분리된 그 이전의 무엇은 아니라는 것이다. 이미 개별화된, 구체화된 사물들의 총체로서 자연으로 이해해야 한다. 그러나 무명은 개별화되어도 구체화된 사물들 이전의 존재이다. 왜냐하면 개별화된 것만이 이름을 가질 수 있기 때문이다.[29]

언어가 지칭하는 대상의 존재는 예술작품의 존재 조건이 될 수 없을 뿐만 아니라 오히려 한 언어의, 혹은 담론의 예술작품으로서의 존재를 부정하거나 아니면 방해하는 요인이 된다. 한 언어가 무엇인가의 대상을 전제로 하고 그것을 지칭한다고 볼 때 이미 그 언어의 예술 작품으로서 존재할 수 없는 것이다.[30] 예술작품 존재 자체로서 창작자 입장에서건, 감상자의 입장에서건 새로운 해석을 낳게 한다. 과거 예술작품의 감상은 예술가의 의도에 맞춰 있거나,

---

27) 수지 개블릭, 천수원 역, 『르네 마그리트』, (서울: 시공아트), 2011, 79쪽.

28) 『老子』 1장: 無名, 天地之始.

29) 이정우, 『개념-뿌리들』, (서울: 산해), 2008, 108쪽 참고.

30) 박이문, 『예술철학』, (서울: 문학과 지성사), 2011, 156쪽.

작품의 전유한 의미에 맞춰 있었다. 전자의 경우는 얼마큼 정확히 읽어내는 것이고, 후자는 불변하는 의미를 똑바로 헤아리는 것이냐에 있다. 하지만 예술은 정확한 무언가를 읽어내고 찾아내는 것이 아니다. 예술작품에서 변화하는 일렁거림을 느끼는 것 자체가 중요한 것이지 언어로 느낌을 명제화하는 것이 아니다.

따라서 『장자』에서 "말로 표현할 수 있는 것은 만물 중에 열등한 것이고 마음으로 알 수 있는 것은 만물 중의 지극히 뛰어난 것"31)이라고 함은 사물을 인식하는 것은 명명함에 있는 것이 아니며, 언어가 사물의 온전함을 다 전달해주는 것도 아님을 뜻한다. 그렇기에 "지극한 말[至言]이란 언어에서 떠나 있는 것"32)이다.

2. 본성으로서의 정(情)

1) 감정의 정

고대 중국에서 지금의 감정에 해당하는 용어는 '정(情)'이었다. 이때 논의가 되는 것은 과연 '정'자가 일반적 의미로서의 감정, 정감, 정념, 정서 등의 의미와 얼마나 부합하는가의 문제이다. 실제로 고대 중국에서의 '정'은 우리가 일반적으로 풀이하는 감정 이외의 다양한 의미로 사용되기 시작했다. 고대 문헌을 통해 이해할 수 있는 '정'의 의미는 우선 특정한 상황과 관련될 때에는 실제 상황이나 실제 모습 내지는 사실의 의미를 뜻하고, 특정한 대상을 가리킬 경우에는 그 대상의 본질을 의미하였다. 이처럼 특정한 진

---

31) 『莊子』「秋水」: 可以言論者, 物之粗也. 可以意致者, 物之精也.
32) 『莊子』「知北遊」: 至言去言.

술의 의미에서, 전국시대에 이르게 되면 점차 감정 일반 또는 감정의 집합을 뜻하게 되었다.[33]

그렇기 때문에 『장자』에서는 정을 4가지로 분류한다. ㉠ 감정, 정서, ㉡ 본성, ㉢ 정황, 상황, ㉣ 정상, 실정으로 분류되는데 이는 크게 인간의 실정과 감정으로 분류할 수 있다.[34]

그렇다면 장자의 '정'을 감정과 본성 두 가지로 이야기해보자. 장자는 전자의 정을 '본성을 해치는 것'으로, 후자의 정은 '본래의 혹은 본성 그대로'로 이해했다.[35]

흔히 감정은 시비(是非)와 호오(好惡)를 바탕으로 논의할 수 있는데, 이는 우리의 마음이 이다/아니다와 좋다/싫다로부터 영향을 받는 것을 말한다. 이로 인해 우리의 타고난 마음을 손상시키는 것이기도 하겠다. 『장자』 텍스트 내에 많지 않은 사례로 감정으로서의 '정'을 분석해보고자 한다.

> 성인은 사람의 형체를 하고 있으나 사람의 정을 지니지 않는다. 사람의 형체를 하고 있으므로 사람들과 함께 살지만, 사람의 정이 없으므로 옳다 옳지 않다 하는 판단을 그 몸에서 구할 수는 없다. 성인이 너무도 작게 보이는 까닭은 사람들 속에 있기 때문이다. 그러나 얼마나 큰가. 홀로 그 자연의 덕을 이룩한 것은.
> 혜자가 장자에게 말했다. "사람에겐 본래 정이 없는 걸까?" 장자는 대답했다. "그렇다네." 혜자가 말했다. "사람이 정이 없으면 어찌 그를 사람이라 하겠나?" 장자는 대답했다. "자연의 도리가 얼굴 모습을 베풀어주고, 자연의 작용이 몸의 형태를 베풀어주었는데 어찌 사람이라 아니할 수 있겠나?"

---

33) 이진용, 「장자(莊子)의 감정과 공감의 문제」, 『한국철학논집』, 제46집, 2015, 45쪽.

34) 분류는 王世舜, 韓募君 編著, 『老莊詞典』, (山東: 山東敎育出版社), 1995, 421~422쪽을 참고했다.

35) 원문을 분석하려고 보니 감정에 해당하는 '정'의 경우는, 사례가 다소 빈약하였다. 하지만 시비와 호오의 관점을 포함하여 논한다면 사례의 불충분함을 채울 수 있을 거라 여긴다. 그래서 아래의 논의는 시비와 호오의 관점을 포함했다고 할 수 있다.

혜자가 말했다. "이미 사람이라고 한 이상은 반드시 사람으로서의 정이 있을 텐데 어찌 정이 없다고 하는가?" 장자가 대답했다. "그건 내가 말하는 정이 아닐세. 내가 정이 없다고 하는 것은 사람이 좋고 나쁨의 정에 의해 스스로 몸속을 해치지 않고 언제나 자연을 그대로 따르면서 부질없이 삶을 덧붙이려 하지 않음을 말하는 것일세."36)

위 「덕충부」에서 논의되는 '정(情)'은 장자가 말하는 감정에 대하여 대표적으로 논의되는 대화이다. 여기서 언급된 정(情)에 대해 살펴보면, 장자가 "그건 내가 말하는 정이 아닐세[是非吾所謂情也]"라고 말한 것은 혜시(혜자)가 '정'의 의미를 달리 사용하고 있음을 알 수 있다. 이 때문에 혜시와 장자의 논쟁은 '정(情)'에 대해 이견이 있었음을 알 수 있다. 장자가 말하고자 하는 정은 옳음도 없고 그름도 없고 좋아하는 것도 없고 싫어하는 것도 없는 것이다.

참된 주재자가 있는 듯하다. 다만 그 조짐을 얻을 수 없을 뿐이다. 운행하는 것은 확실하나 그 형체를 볼 수 없으니, 실정은 있으나 형체가 없다. 온갖 뼈와 아홉 구멍과 장기를 갖추고 있으니 나는 누구와 친한가? 자네는 모두 좋아하는가? 아니면 사사로이 좋아하는 것이 있는가? 이와 같다면 모두 신첩이 되는가? 신첩은 서로 다스릴 수 없는가? 아니면 번갈아 임금이 되었다 하는가? 아마도 참된 임금이 존재할 것이다. 그 실정을 구하여 얻건 얻지 못하건 진군에게는 보태거나 덜어냄이 없다.37)

---

36) 『莊子』「德充符」: 有人之形, 無人之情, 有人之形. 故群於人, 無人之情, 故是非不得於身. 眇乎小哉, 所以屬於人也. 謷乎大哉, 獨成其天. 惠子謂莊子曰, "人故無情乎." 莊子曰, "然" 惠子曰, "人而無情. 何以謂之人?" 莊子曰, "道與之貌, 天與之形, 惡得不謂之人." 惠子曰, "既謂之人. 惡得無情." 莊子曰, "是非吾所謂情也. 吾所謂無情者, 言人之不以好惡内傷其身. 常因自然而不益生也." 안동림 역, 『莊子』, (서울: 현암사), 2012, 개정2판 3쇄, 168~170쪽 참고.

37) 『莊子』「齊物論」: 若有真宰, 而特不得其朕. 可形已信, 而不見其形, 有情而無形. 百骸, 九竅, 六藏, 賅而存焉, 吾誰與爲親? 汝皆說之乎? 其有私焉? 如是皆有爲臣妾乎? 其臣妾不足以相治乎? 其遞相爲君臣乎? 其有真君存焉? 如求得其情與不得, 無益損乎其真. 박세당, 전현미 역, 『박세당의 장자, 남화경주해산보 내편』, (서울: 예문서원), 2012, 95~98쪽 참고.

따라서 마음에 사사로움[私心]이 생기면서 편애하는 마음이 생기는 것을 말한다. 인간에게 사사로움은 시비와 호오를 말하고, 인간의 대표적 사사로운 감정인 희로애락을 말한다. 사람의 감정, 즉 희로애락이 마음에서 요동치면 진정으로 체득할 수 있는 것들이 거의 없다. 사사로운 감정, 시비를 넘어 마음을 흔들리게 하는 것들을, 원문에서 '유정(有情)'이라 일컬었다.

그렇다고 해서 유정이 그 자체로서는 나쁜 것은 아니지만, 본서가 나아가고자 하는 방향에서 보자면, '정'은 사람의 마음을 어지럽히는 것이므로 심미적으로 접근하였을 때 한계라 할 수 있다. 이에 사사로운 감정들이 마음을 요동쳐 흔들리게 하는 것 자체가 장자에게는 부정적으로 인식될 수밖에 없었을 것이다.

> 방금 내가 들어가서 조문할 때에 어떤 노인은 마치 자기 자식이 죽었을 때 곡하듯 곡을 하고, 어떤 젊은이는 마치 자기 어머니가 죽었을 때 곡하듯 곡을 하더군. 그들은 필시 노담이 기려주기를 바라지 않았는데도 기리고 곡해주기를 바라지 않았는데도 곡하기 위해 모여든 것일세. 이는 천도를 거스르고 인정을 어겨 하늘로부터 받은 바를 잊어버린 것이네. 옛날에는 이것을 천성을 버린 형벌이라고 했네.[38)]

위의 인용문에서 주목해야 할 것은 인간의 행위, 즉 우리의 마음에서 비롯하는 인정(人情)이다. 『장자』에 의하면 삶과 죽음은 별개의 것이 아니다. 죽음은 본래의 곳으로 돌아가는 것으로 여긴다. 죽음을 슬퍼하는 인간의 마음이 조문의 예를 갖추었다고 여기는 것이 아니라, 과도한 슬픔의 표현 때문에 천지만물의 본성을

---

38) 『莊子』「養生主」: 向吾入而弔焉, 有老者哭之, 如哭其子, 少者哭之, 如哭其母. 彼其所以會之, 必有不蘄言而言, 不蘄哭而哭者. 是遁天倍情, 忘其所受, 古者謂之遁天之刑. 박세당, 전현미 역, 『박세당의 장자, 남화경주해산보 내편』, (서울: 예문서원), 2012, 217쪽 참고.

흩트린다고 보았고, 천성에 부여되는 각자 본분의 마땅함에 머물지 않는 것이 자연을 벗어나고자 하는 행위로 보았다. 이에 본성을 버리게 되었다 하여 형벌이라고 표현한 것이다.

덧붙이면, 감정으로서의 정은 본성을 해치기까지 한다. 곽상(郭象)은 이것을 "사물에 감응함이 너무 깊고 마땅하지 않으며, 하늘을 거스른 것[感物太沈 不止於當 遁天者也]"[39]이라고 주석을 달았다. 그렇다. 개인의 감정을 사물에 투영하면 그 사물의 본래의 모습을 잃게 되기 마련이다.

이렇듯『장자』에 드러난 감정은 조절해야 하는 대상이자 억제하거나 심지어 제거해야 하는 것으로 이해될 여지가 있다.[40] 따라서 '정'은 사사로운 감정이며 때때로 제거해야 할 대상이라고 여겨진다. 그렇기 때문에 심미 주체가 심미적 관점으로 예술을 판단하고, 미의 본체를 인식하게 될 때 한계점으로 삼을 수 있을 것이라 여긴다.

2) 본래의 정

그렇다면 장자가 말하는 본래의 정은 무엇일까?

> 내가 말하는 선이란 인위가 아니라, 본성의 덕에 순순히 따른다는 것이다. 내가 말하는 선이란 흔히 말하는 인의가 아니라, 본래 그대로의 모습에 맡긴다는 뜻이다. 내가 말하는 귀 밝음이란 상대의 음악에 정신을 빼앗기지 않고 스스로 자연스레 듣는다는 뜻이다. 내가 말하는 눈 밝음이란 상대방의 색깔에 정신을 빼앗기는 일 없이 스스로 자연스럽게 본다는 뜻이다.[41]

---

39) 박세당, 전현미 역, 위의 책, 217쪽 참고.
40) 이진용, 「장자(莊子)의 감정과 공감의 문제」, 『한국철학논집』, 제46집, 2015, 46쪽.

위의 인용문은 어떠한 감각 기관에 구애되지 않고 자유로운 마음으로 음악을 들으며, 음악에 마음이 속박되지 않고 자기 나름의 방식대로 자연스럽게 들었을 때 음악의 참된 경지가 열리게 된다고 말한다. 이처럼 "덕이라는 것은 개인의 존재성을 발휘하는 내재적 역량이나 힘"[42]이며, 덕에 순순히 따른다는 것은 주어진 본성을 해치지 않은 것으로 출발하여 사물을 있는 그대로 받아들이는 것이다.

> 만물의 참모습에 거역하면 자연의 길을 어지럽히고 오묘한 자연의 조화는 이룩되지 않소. 짐승의 무리는 흩어지고 새는 모두 밤에 울며 화가 벌레까지 미치오. 아, 사람을 다스려보겠다는 것부터가 잘못된 짓이오.[43]

덕(德)이란 스스로 드러나지는 것이며, 드러내려고 애쓰면 덕이 아니기에 드러나지 않는다는 것을 의미한다. 덕은 인간고유의 본성이다. 그것은 감출 수 없는 것이며 그 자체로서 빛을 내는 것이다. 그렇기에 덕을 잃는 것은 "사람이 그 자연의 도리에서 도망치고 본성에서 떠나며 참모습을 망치고 신묘함을 잃는 것은 많은 일을 인위적으로 하기 때문이다."[44]

사람이 각기 스스로를 올바르게 하고 자기의 덕을 곁에 드러내지

41) 『莊子』「騈拇」: 吾所謂臧者, 非所謂仁義之謂也. 任其性命之情而已矣. 吾所謂聰者, 非謂其聞彼也. 自聞而已矣. 吾所謂明者, 非謂其見彼也. 自見而已矣. 안동림 역, 『莊子』, (서울: 현암사), 2012, 개정2판 3쇄, 252~253쪽 인용.

42) 임태규, 『장자 미학 사상』, (서울: 문사철), 2013, 36쪽 참고.

43) 『莊子』「在宥」: 逆物之情, 玄天弗成. 解獸之羣而鳥皆夜鳴, 災及草木, 禍及止蟲. 意, 治人之過也. 안동림 역, 『莊子』, (서울: 현암사), 2012, 개정2판 3쇄, 299쪽 인용.

44) 『莊子』「則陽」: 遁其天, 離其性, 滅其情, 亡其神, 以衆爲. 안동림 역, 『莊子』, (서울: 현암사), 2012, 개정2판 3쇄, 636쪽 인용.

않으면 그 덕의 작용은 가리어지지 않는다. 덕이 가리어지면 만
물은 반드시 그 자연스러운 본성을 잃게 된다.45)

위의 인용문에서와 같이 본성은 각기 다르며 그것을 덕(德)이라
고 장자는 말한다. '덕'은 '정'이라는 보편성을 가진 개별 사물에
깃들어 있다. 그렇다 보니 모든 만물에 덕이 내재해 있으며, 내재
된 덕은 스스로 드러낸다. 그렇기에 덕은 사물의 자연스러운 본성
이다. 그러므로 "'덕'은 개별 존재에게 현현된 '도'의 모습이다. 장
자의 설명에서 우리는 '덕'은 개별 존재의 가능성을 구체적으로
제시하는 개념이라는 것을 알 수 있다."46)

죽음과 삶은 운명이다. 저 밤과 아침의 일정한 과정이 있음은 자
연이다. 인간의 힘으로는 어쩔 수 없는 바가 있는 것이 모든 만
물의 본성이다.47)

이때의 '정'은 사태와 실정을 이야기하는 것으로, "사물의 참다
운 모습"48)이라고 한다. 이 때문에 본래의 '정'은, 죽음과 삶, 낮과
밤과 같이 자연에 내맡겨진 상태를 따르는 자연스러운 본성 그대
로를 말한다. 생사는 우리가 조절할 수 없는 자연의 본성이자, 유
기적 순환 구조를 지닌 본성 자체의 '자연' 상태라고 할 수 있다.
이렇듯 장자는 죽음에 관해서도 "해체와 결합에 의해 끊임없이
다른 것 또는 몸으로 바뀌어가는 과정에 있을 뿐이다. 사람은 고

---

45) 『莊子』「繕性」: 彼正而蒙己德, 德則不冒. 冒則物必失其性也. 안동림 역, 『莊子』, (서울: 현암
사), 2012, 개정2판 3쇄, 407쪽 인용.

46) 임태규, 『장자 미학 사상』, (서울: 문사철), 2012, 93쪽.

47) 『莊子』「大宗師」: 死生命也. 其有夜旦之常, 天也. 人之有所不得與, 皆物之情也. 안동림 역, 『
莊子』, (서울: 현암사), 2012, 개정2판 3쇄, 186쪽 참고.

48) 안병주·전호근 공역, 『莊子』, (서울: 전통문화연구회), 2012, 265쪽.

정적 실체가 아니라 일시적 존재일 뿐"49)이라 말하며 만물의 윤회를 이야기한다.

> 인덕이 없다는 사람들은 태어날 때 그대로의 자연스러운 모습을 떨쳐버리고 부귀를 탐하고 있다. 그렇기 때문에 인의는 인간의 자연스러운 참모습이 아니라고 생각한다.50)

자연스러운 모습을 떨친다는 것은 사심(私心)으로 자신의 본성을 해친다고 본다. 이것은 '정'을 본성으로 보았을 때, 본성을 그대로 두지 못하고 욕심을 발동하여 주어진 본성을 꾸며서 바꾸려고 함을 말한다. 따라서 주어진 본성은 '덕'인데, 인덕이 없다고 함은 정(감정)을 담으면서 자신의 덕을 손상시키고 있다고 할 수 있다.

> 대지가 숨을 내쉬면서 그것을 바람이라고 한다. 이것이 일지 않으면 그만이지만 일단 일었다 하면 온갖 구멍이 다 요란하게 울린다. 너는 저 윙윙 울리는 소리를 들어봤겠지. 산림 높은 봉우리의 백 아름이나 되는 큰 나무 구멍은 코 같고 옥로 같고 술잔 같고 절구 같고 깊은 웅덩이 같고 얕은 웅덩이 같은 갖가지 모양을 하고 있지. 콸콸 거칠게 물 흐르는 소리, 씽씽 화살 나는 소리, 나직이 나무라는 듯한 소리, 흑흑 들이켜는 소리, 외치는 듯한 소리, 울부짖는 듯한 소리, 웅웅 깊은 데서 울려 나오는 것 같은 소리, 새가 울 듯 가냘픈 소리, 앞의 바람이 휘휘 울리면 뒤의 바람이 윙윙 따른다. 산들바람에는 가볍게 응하고 거센 바람에는 크게 응한다. 태풍이 멎으면 모든 구멍이 고요해진다. 너는 나무가 크게 흔들리기도 하고 가볍게 흔들리기도 하는 걸 보았겠지. 자유가 말했다. "땅의 퉁소 소리는 여러 구멍의 소리이고 사람의 퉁소 소리는 피리 소리군요. 그럼 부디 하늘의 퉁소 소리에 대해

---

49) 신정근, 『동양철학이 뭐길래?』, (서울: 동아시아), 2013, 231쪽.

50) 『莊子』「騈拇」: 不仁之人, 決性命之情而饕貴富. 故意仁義其非人情乎. 안동림 역, 『莊子』, (서울: 현암사), 2012, 개정2판 3쇄, 247쪽.

말씀해주십시오." 자기가 대답했다. "수없는 것에 바람이 불어 서로 다른 소리를 내고 있어도 각기 스스로가 소리를 내는 거다. 모두 각자가 제 소리를 택하고 있다. 그렇다면 사나운 소리를 내는 것은 누구일까?"51)

　여기에서 온갖 구멍이 뿜어내는 소리는 모든 사물의 생명작용을 은유적으로 묘사한 것이면서, 각기 다른 개체의 특수성을 말하는 것이라고 할 수 있다. 그것은 각기 다른 구멍들이 내는 소리가 다르다는 것은 개체별 특성에 따라 독특한 고유성을 지니고 있다는 것을 말하는 것이기 때문이다. 또한 "수없는 것에 바람이 불어 서로 다른 소리를 내고 있어도 각기 스스로가 소리를 내는 거다. 모두 각자가 제 소리를 택하고 있다[夫吹萬不同 而使其自己也 咸其自取]"에서 '자(自)'와 '자기(自己)'는 '저절로'라는 해석을 통해 우리는 소리를 내거나 택하는 주체는 어떤 외부 요인에 의지하는 것이 아니라, 개체 자신을 가리킨다는 것을 알 수 있다.52)

　　사람이 지나치게 기뻐하다 보면 양에 치우치고 지나치게 노하다 보면 음에 치우친다. 음양 어느 한쪽에 치우치면 사계절의 조화가 어지러워지고 추위와 더위의 균형이 깨어져 도리어 사람의 몸을 해치게 된다. 사람들로 하여금 기쁨과 노여움의 균형을 잃게 하고, 거처를 일정치 않게 하며, 생각을 스스로 하지 못하게 하여, 이상적인 경지를 이룩할 수 없게 만들어버린다.53)

---

51) 『莊子』「齊物論」: 夫大塊噫氣, 其名爲風. 是唯無作, 作則萬竅怒呺. 而獨不聞之翏翏乎? 山林之畏佳, 大木百圍之竅穴, 似鼻, 似口, 似耳, 似枅, 似圈, 似臼, 似洼者, 似污者, 激者, 謞者, 叱者, 吸者, 叫者, 譹者, 突者, 咬者. 前者唱于而隨者唱喁. 泠風則小和, 飄風則大和. 厲風濟則眾竅爲虛. 而獨不見之調調, 之刁刁乎? 안동림 역, 『莊子』, (서울: 현암사), 2012, 개정2판 3쇄, 48~49쪽과 임태규, 『장자 미학 사상』, (서울: 문사철), 2013, 126~127쪽 참고.

52) 임태규, 『장자 미학 사상』, (서울: 문사철), 2013, 127~128쪽.

53) 『莊子』「在宥」: 人大喜邪, 毗於陽, 大怒邪, 毗於陰. 陰陽並毗, 田時不至, 寒暑之和不成, 其反傷人之形乎. 使人喜怒失位, 居處無常, 思慮不自得, 中道不成章. 안동림 역, 『莊子』, (서울: 현암사), 2012, 개정2판 3쇄, 283~284쪽 인용.

감정은 어디에도 치우치지 말아야 한다. 감정이 치우치게 되면 본성을 해치게 된다. 사람은 본연의 모습을 지키며 조화를 잃지 않아야 한다고 하는데, 이를 장자는 "눈 밝은 것을 기뻐한다면 아름다운 색채에 혹하게 되고, 귀 밝은 것을 기뻐한다면 음악에 사로잡히게 되며, 인을 기뻐한다면 덕에 정신이 어지럽혀지고, 의를 기뻐한다면 도리에 어그러지게 된다. 예를 기뻐한다면 인위적인 기술을 조장하게 되고, 음악을 기뻐한다면 지나친 탐닉을 북돋우게 되며, 성인을 기뻐한다면 속된 학문을 권장하게 되고, 지혜를 기뻐한다면 시비의 상처를 더욱 크게 벌려놓게 된다"54)라고 말한다. 왜냐하면 "지나치게 눈이 밝은 자는 오색을 어지럽히고 화려한 무늬에 혹하게 되고",55) "지나치게 귀가 밝은 자는 오성을 어지럽히고 갖가지 가락에 사로잡히며",56) "인의를 내세우는 자는 자연스러운 덕을 뽑아버리고 본래 그대로의 인간의 천성을 막아, 그것으로 명성을 거두려 한다. 천하로 하여금 피리를 불고 북 치고 하여 도저히 미치지도 못할 법을 신봉케 하려는 짓이 좋지 않은 것이고",57) "지나치게 변론에 뛰어난 자는 기왓장을 쌓아 올리고 밧줄에 매듭을 만들 듯 갖가지 말을 고치고, 마음을 견백이니 동이니 하는 궤변 속에 떠돌게 하며 일시적인 명예를 위해 쓸모없는 말을 늘어놓다가 그만 지쳐버리니 좋지 않기"58) 때문이다.

---

54) 『莊子』「在宥」: 說明邪, 是淫於色也. 說聰邪, 是淫於聲也. 說仁邪, 是亂於德也. 說義邪, 是悖於理也. 說禮邪, 是相於技也. 說樂邪, 是相於淫也. 說聖邪, 是相於藝也. 說知邪, 是相於疵也. 안동림 역, 『莊子』, (서울: 현암사), 2012, 개정2판 3쇄, 285쪽 인용.

55) 『莊子』「騈拇」: 騈於明者, 亂五色淫文章.

56) 『莊子』「騈拇」: 多於聰者, 亂五聲.

57) 『莊子』「騈拇」: 枝於仁者, 擢德塞性以收名聲, 使天下簧鼓以奉不及之法.

58) 『莊子』「騈拇」: 騈於辯者, 纍瓦結繩竄句, 遊心於堅白同異之間, 而敝跬譽無用之言.

온 천하가 그 본래의 자연스러운 상태에 편히 머물러 있다면 이
여덟 가지 일은 있어도 되고 없어도 된다. 온 천하가 그 본래의
자연스러운 상태에 편히 머물러 있지 못하다면 이 여덟 가지는
비로소 꽁꽁 묶여서 뒤엉킨 채 세상을 어지럽히게 된다.[59]

장자는 자연의 도리에 어긋나고, 인간의 독단적인 지혜가 사람
들의 자유를 속박하는 획일적인 사회를 부정한다. 그래서 구체적
으로 인간의 삶을 해치는 여덟 가지의 일을 언급하는데, 그것은
귀 밝음[聰], 눈 밝음[明], 인(仁), 의(義), 예(禮), 음악[樂], 성인
[聖], 지혜[知]를 말한다.

군자가 어쩔 수 없이 천하에 군림한다면 무위가 제일이다. 무위
하면 그 후에도 본래의 자연스러운 상태에 머물게 된다.[60]

따라서 장자는 전술한 여덟 가지의 일이 얼마나 인간의 본성을
해치는지 말하면서 위의 인용문과 같이 무위하여 본모습을 지키고
자 했다. 여태까지 논의해온 것으로 보면 '정(情)'은 외부요소에
의해 흔들림이 많을 여지가 있다.

만물의 참모습에 거역하면 자연의 길을 어지럽히고 오묘한 자연
의 조화는 이룩되지 않소. 짐승의 무리는 흩어지고 새는 모두 밤
에 울며 화가 벌레까지 미치오. 아, 사람을 다스려보겠다는 것부
터가 잘못된 짓이오.[61]

---

59) 『莊子』「在宥」: 天下將安其性命之情, 之八者, 存可也, 亡可也, 天下將不安其性命之情, 之八者,
乃始臠卷獊囊 而亂天下也. 안동림 역, 『莊子』, (서울: 현암사), 2012, 개정2판 3쇄, 286쪽 인용.

60) 『莊子』「在宥」: 故君子不得已而臨涖天下, 莫若無爲. 無爲也而後安其性命之情.

61) 『莊子』「在宥」: 逆物之情, 玄天弗成, 解獸之群, 而鳥皆夜鳴, 災及草木. 禍及止蟲. 意, 治人之過
也. 안동림 역, 『莊子』, (서울: 현암사), 2012, 개정2판 3쇄, 299쪽 인용.

'정'을 참모습이라 하여, 만물은 거역할 수 없는 것이며, 정은 자연의 본성으로 누군가에 의해 다듬어질 수 없는 존재라고 볼 수 있다. 사물이든 사람이든 어떠한 것으로 재단하려거든 주어진 본래의 모습은 본성을 잃게 된다. 그래서 무언가 자기 뜻대로 바꿔보겠다는 생각은 매우 잘못된 태도이다.

> 천명을 다하고 실정을 골고루 살피면 천지가 녹고 모든 것이 없어져버려서 만물이 본래 그대로의 모습으로 돌아오오.[62]

모든 만물은 자연스러운 순서가 있고 조화로운 규칙이 있다. 우리가 어떠한 사태에 대해 인위적인 조작을 가하지 않아도 사물은 저마다의 타고난 덕으로 조화를 이루고 자신을 있는 그대로 드러낸다.

이를 『장자』에서 덕인(德人)의 모습을 빗대어 이야기하는데 "덕인은 가만히 있어도 아무 생각이 없고, 움직여도 아무런 생각이 없으며, 시비나 좋다 나쁘다는 느낌을 마음에 간직하지 않으며, 온 세상 사람들이 함께 이득을 얻음을 기뻐하고 함께 만족함을 편히 여기오. 기운 없이 어린애가 어머니를 잃은 듯한 모양으로 있고, 한숨지으며 멍하니 나그네가 길을 잃은 것 같은 모습으로 있고, 재물은 언제나 여유가 있으되 그것이 어디서 왔는지를 모르고, 음식은 충분히 먹지만 그것이 어디서 왔는지를 모른다. 이를 덕인이다"[63]라고 말한다.

---

62) 『莊子』「天地」: 致命盡情, 天地樂而萬事銷亡, 萬物復情. 안동림 역, 『莊子』, (서울: 현암사), 2012, 개정2판 3쇄, 333쪽 인용.

63) 『莊子』「天地」: 德人者, 居無思, 行無慮, 不藏是非美惡. 四海之內共利之之謂悅, 共給之之謂安 怡乎若嬰兒之失其母也, 儻乎若行而失其道也. 財用有餘而不知其所自來, 飮食取足而不知其所從, 此謂德人之容. 안동림 역, 『莊子』, (서울: 현암사), 2012, 개정2판 3쇄, 333쪽 인용.

사람이 그 자연의 도리에서 도망치고 본성에서 떠나며 참모습을
망치고 신묘함을 잃는 것은 많은 일을 인위적으로 하기 때문이
다.64)

이제 내가 네게 사람의 성정에 대해 말해주겠다. 눈은 아름다운
빛을 보려 하고 귀는 좋은 소리를 듣고 싶어 하며 입은 좋은 맛
을 살피려 하고 기분은 만족을 바란다.65)

장자가 정을 부정하는 것은, 자연스러운 덕을 해치는 것도 있지
만, 자신의 욕심에 의해 사물의 본래의 모습(참모습)을 간과하는
태도에 있다. 사람은 자신에게 좋은 것들을 따라가는 것이 본성의
일부이나, 탐욕에 의해 따라가다 보면 자신을 해치게 되는 것이다.
그러면 "그들이 각기 자기의 본래의 성정을 일그러뜨려 가며 찾고
있는 목적은 다르더라도 살아 있는 이상 의당 해야 할 일은 내버
린 채 하지 않아도 될 일을 좇게 된다."66)

즉, 『장자』에서 말하는 '정'은 감정을 흩뜨리고 본성을 제대로
인식하는 것을 방해하는 요인으로 여긴다고 할 수 있다. 본서가
말하고자 하는 심미적 관점을 논하는 데에 한계로 작용함을 확인
할 수 있겠다.

---

64) 『莊子』「則陽」: 通其天, 離其性, 滅其情, 亡其神, 以衆爲. 안동림 역, 『莊子』, (서울: 현암사),
2012, 개정2판 3쇄, 636쪽 인용.

65) 『莊子』「盜跖」: 今吾告子以人之情, 目欲視色, 耳欲聽聲欲察味, 志氣欲盈. 안동림 역, 『莊子』,
(서울: 현암사), 2012, 개정2판 3쇄, 719쪽 인용.

66) 『莊子』「盜跖」: 其所以變其情, 易其性, 則異矣, 乃至於棄其所爲而殉其所不爲. 안동림 역, 『莊
子』, (서울: 현암사), 2012, 개정2판 3쇄, 724쪽 인용.

3. 한정된 앎[知]

1) 성심(成心)

올바른 '지'의 형성과 인식방법을 방해하는 요인으로 『장자』는 성심을 언급한다. 성심(成心)[67]은 선지식, 선입견, 이전의 마음, 혹은 고정된 마음이라 말한다. 벤자민 슈월츠(Benjamin I. Schwartz)는 '성심'을 "세속적인 인간의 마음은 자신을 둘러싸고 있는 다양한 세계의 여러 측면에 집착하여 이것들을 고정된 목표나 생각들로 만들고 따라서 절대화함으로써 자신의 존재를 주장"한다고 했다.[68] 조지 레이코프(George Lakoff, 1941~)에 의하면 선입관을 '프레임(frame)'이라고 하는데, "프레임이란 우리가 세상을 바라보는 방식을 형성하는 정신적 구조물이다. 프레임은 우리가 추구하는 목적, 우리가 짜는 계획, 우리가 행동하는 방식, 그리고 우리의 행동의 좋고 나쁜 결과를 결정한다."[69] 필자는 이 프레임을 개인의 시각에서 이루어진 정신적인 구조물로 본다. 벤자민 슈월츠의 '성심'도 이러한 맥락에서, 개인의 경험과 사고를 토대로 이루어진 절대적 기준인 것이다.

---

67) '成心'에는 두 가지 관점이 있다. 우선 '온전한 마음', '하늘이 준 마음', '참된 마음'의 긍정적인 해석이 있고, '굳어진 마음', '시비를 따지는 마음', 편견, 선입견의 '꼴을 이룬 마음'인 부정적인 해석이 있다. 오강남 풀이, 『장자』, (서울: 현암사), 1999, 개정2판 3쇄, 76쪽 참고; 안동림 역주를 보면 「제물론」편에서 성심은 일정한 의견을 갖게 된 마음, 즉 하나의 私見, 일정하게 굳은 마음, 즉 시비(是非), 선악(善惡)이 생겨나는 근거로서 부정적 의미로 풀이하였다. 안동림 역, 『莊子』, (서울: 현암사), 2010, 개정2판 3쇄, 56쪽 참고; 강신주 또한 '구성된 마음'이라는 선입견의 의미에서 '성심'을 말하고 있다. 강신주, 『莊子: 타자와의 소통과 주체의 변형』, (경기: 태학사), 2012, 78쪽 참고; 본서는 위의 내용을 따라 부정적 측면의 '성심' 개념을 살펴보고자 한다.

68) 임태규, 『장자 미학 사상』, (서울: 문사철), 2013, 164쪽.

69) 조지 레이코프, 유나영 역, 『코끼리는 생각하지 마』, (서울: 삼인), 2006, 17쪽.

㉠ 너는 들어보지 못했느냐? 옛날 해조가 노나라 교회에 멈추었
다. 노후는 이 새를 맞이하여 종묘 안에서 술을 마시게 하고 구
소의 음악을 연주하며 소·돼지·양을 갖추어 대접했다. 새는 그
만 눈이 아찔해져서 걱정하고 슬퍼하며 한 조각의 고기도 먹지
않고 한 잔의 술도 마시지 않은 채 사흘 만에 죽어버렸다. 이는
노후가 자기를 보양하는 방법으로 새를 보양했지, 새를 키우는
방법으로 보양하지 않은 것이다.[70]

㉡ 송나라 사람이 장보라는 관(冠)을 밑천 삼아 월(越)나라로 갔
으나, 월나라 사람은 머리를 짧게 깎고 문신(文身)하고 있어서 관
이 소용없었다.[71]

㉠은 새의 고유의 성질이 아닌 사람의 성질로 파악했기 때문에
옳지 않은 결과를 초래했다. 이처럼 물고기와 사람은 "본성이 각
기 다르니 좋고 싫어함도 같지 않다."[72] 모든 사태를 개인의 절대
적 기준에 의해 평가하고 재단하였음을 언급하고, 인식의 전환이
아닌 인지적 판단으로 사태를 해결하였기 때문에 새가 죽음에 이
르게 되었다.

㉡도 마찬가지로 자신의 방식과 자신의 인식 차원에서 한정된
마음으로 작용된 결과이다. 거기다 각 개체인 송나라와 월나라 사
이에서의 고유한 문화적 본성을 무시하면서 비롯하였다. 여기에서
장자는 개별적 사물에 관한 인간의 판단이 자기를 기준으로 한 주
관적 판단에 불과하다는 점을 밝히면서, 동시에 주관적 판단이 상
대적임을 보여준다. 거기다 주관적 판단은 송나라와 월나라 사이

---

70) 『莊子』「至樂」: 女獨不聞邪, 昔者海鳥止於魯郊, 魯侯御而觴之於廟, 奏九韶以爲樂, 具太牢以爲
膳, 鳥乃眩視憂悲, 不敢食一臠, 不敢飮一杯, 三日而死. 此以己養養鳥也, 非以鳥養養鳥也. 안동
림 역, 『莊子』, (서울: 현암사) 2010, 개정2판 3쇄, 455~456쪽 인용.

71) 『莊子』「逍遙遊」: 宋人資章甫適諸越, 越人短髮文身, 無所用之. 안동림 역, 『莊子』, (서울: 현암
사), 2010, 개정2판 3쇄, 39쪽 인용.

72) 『莊子』「至樂」: 彼必相與異, 其好惡故異也.

의 문화적 차이와 같이, 특정 공동체에서 보편성을 지니게 된다.

우리는 무의식적으로 자신이 생활하는 공동체 규칙에 길들여져서 그것만이 자명하고 합리적이라고 생각하고 있기 때문이다. 예를 들면, 물고기가 물속에서는 물이나 자신이 물고기라는 사실도 의식하지 않지만, 물 바깥에 나와서는 물을 의식할 뿐만 아니라 자신이 물이 없으면 살 수 없는 물고기라는 것을 의식한다는 점이다.[73]

'성(成)'이란 것은 타(他)와 구별되는 어떤 중심을 구성하는 것이며 '성심'이란 남과 구별되는 개체의 중심, 자기 아이덴티티 혹은 주관성을 구성하고 있는 것으로 보고 있다.[74] 그러나 『장자』에 의하면 이러한 주관성은 매우 위험하다. 여기서 장자가 문제 삼는 것은 시비(是非)와 호오(好惡)와 같은 이분법적 분별의 문제와 연결된다. 이는 개인의 감정의 문제로서 이분법적 태도에서의 판단이 구성된 마음으로 작용을 진전시키고, 그것으로 사물을 판단하게 될 때를 말한다. 이것이 이전의 앎, 개인의 지식의 문제로 대두할 수 있다. 시비와 호오의 문제 또한 자신만의 기준으로 만들어진 프레임에 한정한 것이기 때문에 인식의 한계가 있을 수밖에 없다.

우리의 고착된 자의식은 새로운 삶을 직시하기보다는 기존의 삶의 문맥에서 이루어진 성심을 내면으로 정립하여 이 새로운 삶을, 이 새로운 삶의 문맥을 외면으로 관조하게 된다. 이것이 바로 장자가 '성심을 스승 삼는다[師成心]'라고 지적할 때의 '스승 삼다', 또는 '절대적 기준으로 삼다[師]'로 말하려는 것이다. 장자에게 '성심을 스승 삼다'라는 것은 과거의 특정한 삶의 문맥에 기인한 성심을 인식 내면 혹은 인식 주체로 전환시키는 고착된 자의식의 일

---

73) 강신주, 『莊子: 타자와의 소통과 주체의 변형』, (경기: 태학사), 2012, 66쪽 참고.

74) 이성희, 「莊子哲學의 실재관 연구-심미적 성격을 중심으로」, 부산대학교 박사학위논문, 2001, 18쪽.

반적 운동에 대한 지적이다.[75]

기존 삶의 문맥에서 보는 것이 중요한 이유는, 예술작품에 빗대어 이야기할 수 있다. 전술했던 바와 같이 예술작품은 한 시대를 아우르는 사물이다. 그렇기에 어떠한 시대에서 하나의 작품(사물)을 단정 지어 '예술이다/아니다'를 논의하는 것은 섣부른 판단이다. 이에 심미적 관점으로의 접근은 사물을 '~무엇이다'라고 단정 짓는 것을 거부한다. 거기다 제도적 견해에서 보았을 때에도 성심과 마찬가지로 유사한 맥락에서 이해할 수 있다. 예술제도적 측면에서 보면 예술계(Art World)[76]라는 프레임을 만들어, 그것에 부합하거나 그로부터 지시되는 것으로부터 예술을 증명하는 데에 있다. 이를 기점으로 이전에는 결코 예술이라고 논의할 수 없었던 것들이 예술이 될 수 있는 기회를 얻기도 했다. 반대로 사물 자체로—제작된 예술작품 그대로인— 예술일 수 있는 것이 제도에 맞지 않음으로 인해 비예술이 될 수도 있는 것이다.

이러한 점에서 인간은 제도 속에서 살아가며, 인간 삶은 제도화되어 있다. 그런데 외형적으로 보기에는 제도화되어 있고 체계화되어 있는 것처럼 보이는 인간의 삶도 사실은 무질서와 혼란으로 이루어져 있다. 이런 무질서와 혼란을 극복하고 주어진 사태를 이해하기 쉽도록 하기 위하여 사람들은 정도에 따라 몇 개로 분류하여 파악하고 각각에 대해 명칭을 부여한다. 그리고 나서 그러한 분류가 우리의 삶을 이해하는 데 유용하다고 판단되면 사람들은 그러한 분류를 타당한 것으로 받아들이게 된다. 이런 식으로 어떤 분류가 타당한 것으로 받아들여지게 되면, 사람들은 시간이 지나

---

75) 강신주, 앞의 책, 83쪽.
76) 본서 50쪽 주석 8)번 참고.

면서 그 분류를 의심할 여지가 없는 확실한 진리라고 생각하고, 질서나 법칙과 같은 것으로 인정한다.[77] 예를 들면, 무지개는 실제로는 색의 연속적인 스펙트럼이다. 그러나 사람들은 보통 무지개를 일곱 가지 색이라고 구분한다. 무지개를 일곱 가지 색이라고 구분하고 나면, 결국에는 많은 사람들은 무지개가 빨강, 주황, 노랑, 초록, 파랑, 남색, 보라의 7개의 색으로 이루어져 있다고 생각한다. 나아가 사람들은 무지개를 마치 서로 구분되며 전혀 다른 일곱 가지 색을 나란히 붙여놓은 것이라고 생각한다. 이와 유사하게 우리는 일정한 질서를 부여하고 적절히 이해하기 위하여 삶의 경험을 구성하는 것들을 일정한 방식으로 구별하고 구분할 수밖에 없다. 문제는 그런 분류를 '실재'라고 치켜세우거나 '절대적 진리'로 착각하는 것이다.[78] 이 때문에 다시 한번 고정된 사고체계를 명제화하는 것이 '성심'임을 알 수 있다.

그렇다면 절대적 진리로 여기지 않으려면 어떻게 해야 하는가?

> 명예의 표적이 되지 말라. 모략의 창고가 되지 말라. 일의 책임자가 되지 말라. 지혜의 주인공이 되지 말라. 무궁한 도를 잘 터득하고 자취 없는 경지에 노닐며, 자연으로부터 받은 것[本性]을 온전하게 하고, 스스로 얻은 바가 있었다고 생각지 말라. 오직 허심(虛心)해지는 것뿐이다. 지인(至人)의 마음의 작용은 거울과 같다. 사물을 보내지도 맞아들이지도 않는다. 사물에 따라 응하여 비춰주되 감추지 않는다. 그러니까 사물에 대응하여 자기 몸을 손상시키지 않을 수가 있다.[79]

---

77) 존 듀이, 박철홍 역, 『경험으로서 예술 1』, (경기: 나남), 2016, 53쪽.

78) 존 듀이, 박철홍 역, 위의 책, 53쪽.

79) 『莊子』 「應帝王」: 無爲名尸, 無爲謀府, 無爲事任, 無爲知主. 體盡無窮, 而遊無朕, 盡其所受於天, 而無見得, 亦虛而已. 至人之用心若鏡, 不將不迎, 應而不藏, 故能勝物而不傷. 안동림 역, 『莊子』, (서울: 현암사), 2010, 개정2판 3쇄, 234쪽 인용.

허심해진다는 것은[亦虛而已], 사물을 직관할 때, 여러 가지 경험이나 지식에 좌우되지 않고 또 개인의 이해와 호오의 선입견을 사물에 부과하지 않는다. "승물이불상(勝物而不像)"의 승은 싸워 이긴다는 뜻이 아니라 '사물을 내보내지도 맞이하지도 않은' 채로 사물에 대응한다는 뜻이다. '불상'은 '사물을 다치게 하지' 않는 것, 즉 자기의 선입견을 사물에 억지로 부과하지 않는 것이다.[80)

따라서 심미적으로 사물을 본다는 것은, 정형화된 틀이 없다는 것이다. 틀이 존재하지 않는다는 것은, 유연한 마음에서 창조적 생각 및 영감 그리고 행위들이 드러난다는 것을 말한다. 이는 예술이 예술이게끔 존재하게 하는 단서가 될 것이다. 그래서 장자는 '이미 만들어진 마음[成心]'에 안주하지 말 것을 역설한다.

2) 소지(小知)

지(知)란 고대 중국에서는 지식, 지각, 인지, 지혜 등 모두 같은 의미로 쓰이며, 인식에 관한 것이라 짐작할 수 있다. 『장자』에서도 '지'에 대한 언급이 종종 있어 왔는데, 다소 부정적 견해를 가지고 있었다.

소지에 대해서 살펴보면, 장자가 지양하는 것이다. 이를테면 『장자』에서 살펴보면 "지를 작용시키는 것은 위태롭다"[81)] 그리고 "지는 싸움의 도구"[82)]라며 지를 부정하고 있었다.

지식의 본질은 대상체계를 인과적이고 통일적으로 이해하는 데

---

80) 왕카이, 신정근·강효석·김선창 공역, 『소요유, 장자의 미학』, (서울: 성균관대학교출판부), 2013, 150쪽 참고.

81) 『莊子』「養生主」: 爲知者, 殆而已矣.

82) 『莊子』「人間世」: 知也者, 爭之器也.

있다. 일체의 만물을 분류하고 구별하여 그 상관관계 혹은 인과관계를 법칙화하고, 포괄적이고 체계적인 원리를 확립하여 미지의 세계와, 미지의 체험을 그 확립된 원리로 예측하는 것이 바로 지식의 근본적 기능이다.[83] 하지만 『장자』에서는 이런 근본적 기능에 대하여 부정하여 장자는 "소지는 대지에 미치지 못한다"[84]라며 소지(小知)를 지양하고 대지(大知)를 따라야 하는 것으로 말한다. 진정한 의미에서, "인간이 그 무엇에도 억압받지 않고 자유롭게 자기 삶을 살아가려면 '참된 지식'[85]을 가지고 있어야 한다."[86]

> 대지는 한가하고 너그러우나 소지는 사소한 일을 따지려 든다.
> 대언은 담담하나 소언은 시끄럽다.[87]

장자는 소지(小知)를 세속적인 것으로 보았다. 위에 논의된 것을 토대로 보면 사소하거나, 번거롭고, 부산스러운 의미라고 볼 수 있다. 그렇기에 소지는 지양해야 하는 것으로, 소지는 성심에 기인한다고 보았다. 원문의 '～첨첨(詹詹)'이라는 경우도 미사여구를 약급하는 것이기 때문에, 화려한 말은 본질과는 거리가 멀며 주어진 본성에 덧붙여지는 것들이 있게 되어 사물 자체가 왜곡될 수밖에 없다.

오늘날의 예술작품에서도 마찬가지이다. 흔히 우리가 언급하는 좋은 작품은 말하지 않아도 대개 명작으로 치켜세워진다. 하지만 종래에 미술 시장에서는 작품 자체보다 작품 외적인 것들에 치중

---

83) 福永光司, 이동춘·임헌규 역, 『莊子-고대중국의 실존주의』, (경기: 청계), 1999, 108쪽.
84) 『莊子』「逍遙遊」: 小知不及大知.
85) 이는 4장에서 심도 있게 논의될 것이다.
86) 福永光司, 이동춘·임헌규 역, 앞의 책, 191쪽 참고.
87) 『莊子』「齊物論」: 大知閑閑, 小知閒閒, 大言炎炎, 小言詹詹.

되어 '첨첨(詹詹)'에 의해 작품으로 인정된다. 감상자들 또한 작품을 먼저 마주하기보다 서문이라든가 작업노트, 비평에 의거하여 작품을 마주한다. 그렇기 때문에 작품의 고유성이라기보다 화려한 언어로 치장된 글로, 예술을 접하는 것이다. 이것이 장자가 말하는 소지의 일면일 것이다.

> 남해의 임금을 숙이라 하고 북해의 임금을 홀이라 하며, 중앙의 임금을 혼돈이라 한다. 숙과 홀이 때마침 혼돈의 땅에서 만났는데, 혼돈이 매우 융숭하게 그들을 대접했으므로, 숙과 홀은 혼돈의 은혜에 보답하려 의논을 했다. 사람은 누구나 (눈·귀·코·입의) 일곱 구멍이 있어서 그것으로 보고 듣고 먹고 숨 쉬는데 이 혼돈에게만 없다. 어디 시험 삼아 구멍을 뚫어주자. 그래서 날마다 구멍을 뚫었는데 7일이 지나자 혼돈은 죽고 말았다.[88]

온전한 인간의 생명은 질서가 없는 혼돈이다. "지식은 혼돈을 자기의 질서에 포섭하려고 하고 자기가 죽는 줄도 모르고 죽을힘을 다해서 일곱 개의 구멍을 뚫는다. 인간의 육체를 구성하는 백 개의 뼈와 여섯 개의 장기는 분명히 해체될 수 있으며, 살과 피는 명백히 드러낼 수 있다. 그러나 그렇게 질서를 잡고 드러난 것은 이미 인간의 생명 그 자체가 아니라 숨이 끊어진 시체일 뿐이다."[89] 이렇듯 생명을 지닌 만물들은 자신에게 주어진 상황에서 자신만의 몸으로 체험하며 각각 살아가는 존재인데, 한정된 지식이 작용함으로써 만물의 존재에 생기를 잃게 하였다. 그것도 완전하지 않은 지식으로 말이다. 완전하지 않은 지식은 편협하다는 의미를 지닌

---

88) 『莊子』「應帝王」: 南海之帝爲儵. 北海之帝爲忽, 中央之帝爲渾沌. 儵與忽時相與遇於渾沌之地, 渾沌待之甚善. 儵與忽謀報渾沌之德, 曰, 人皆有七竅, 以視聽食息, 此獨無有, 嘗試鑿之. 日鑿一竅, 七日而渾沌死. 안동림 역, 『莊子』, (서울: 현암사), 2012, 개정2판 3쇄, 235~236쪽 인용.

89) 福永光司, 이동춘·임헌규 역, 『莊子-고대중국의 실존주의』, (경기: 청계), 1999, 111쪽.

다. 어떠한 사물이건 사태를 온전히 바라보는 데에 한계를 지닐 수밖에 없다.

숙과 홀의 은혜를 갚는 취지는 매우 훌륭한 일이나, 좋은 행위라는 것이 모든 만물에게 통하는 것인지는 『장자』의 관점에서 접근한다면 좀 더 생각해볼 여지가 있다. 예를 들면, 비평의 경우다. 비평은 제도적 측면에서 접근할 수 있는데, 작품에 대한 일종의 언어로 재단하는 경우이다. 언어로 적시할 때마다 추구하는 위치는 다를 것이지만 비평가라는 지위로 발화된 언어는 예술(작품)에 하나의 인상을 심어준다. 그리고 그것은 작품에 대하여 '하나의 지식[小知]'[90]을 제공한다. 이것이 예술에 대한 일종의 미사여구 그리고 치장이라고 할 수 있다. 이렇게 나아가 예술은 무한한 의미를 지니고 있는 사물인데, 협소한 지식제공에 의해 단일한 의미만을 추구하게 될 수 있다. 나아가 단일한 의미만이 진리가 되었을 때 문제가 되는 것이다. 따라서 예술을 위해 좋은 취지의—기록 차원에서의— 비평이 심미적 관점에서는 부정적으로 작용할 우려가 있다. 이에 이러한 한계를 극복할 수 있는 것이 무엇인지 논의하고 심미적 관점에 조금 더 가까이 가보고자 한다.

---

90) '하나의 지식'을 제공한다는 것은 장자사상을 통해 보면 긍정과 부정의 의미를 지니고 있다. 전자의 경우는 난해한 예술의 일면을 정리하여 준 것이며, 후자는 정리된 예술의 일면이 단일한 의미만을 추구하여 진리로 구축될 때 문제인 것이다.

제4장

『장자』의 '자연' 개념을 통한
심미적 관점의 한계 극복

1. 무대(無待)적 인식의 전환

1) 무대(無待)

『장자』에서는 무대라는 말은 언급되지 않지만 유사한 의미로 '부대(不待)'라는 표현이 쓰였음을 알 수 있다. 이에 사전적 의미로 살펴보면 '대(待)'[1]라는 문자가 미리 준비하고 기다리고[等待], 상대하고[對待], 관대하고[款待], 의존하고[凭借], 욕망한다[欲]는 의미를 지니는데, 이는 '~것으로부터 기인함'을 말한다. 그렇기에 『장자』에서 의미하는 '무대(無待)'는 '어떠한 관점에 의지하지 않는' 것이다.

무대적 인식을 대표할 수 있는 것이, 『장자』「양생주」편의 포정해우(庖丁解牛) 이야기다. 포정해우의 이야기는 심미적 관점의 중심역할을 한다고 감히 말할 수 있을 것이다.

---

1) 王世舜, 韓募君 編著, 『老莊詞典』, (山東: 山東敎育出版社), 1995, 176쪽 참고. 『莊子』에서 '待'는 49회에 걸쳐 나온다.

㉠ 포정이 문혜군을 위해 소를 잡은 일이 있다. 손을 대고, 어깨를 기울이고, 발로 짓누르고, 무릎을 구부리는 동작에 따라 서걱서걱, 빠극빠극 소리를 내고, 칼이 움직이는 대로 싹둑싹둑 울렸다. 그 소리는 모두 음률에 맞고, 상림의 무악에도 조화되며, 또 경수의 음절에도 맞았다.[2]

㉡ 문혜군은 "아, 훌륭하구나. 기술도 어찌하면 이런 경지에까지 이를 수가 있느냐?"라고 말했다. 포정은 칼을 놓고 말했다. 제가 반기는 것은 도입니다. 재주(기술) 따위보다야 우월한 것이죠. 제가 처음 소를 잡을 때는 눈에 보이는 것이란 모두 소뿐이었으나 (소만 보여 손을 댈 수 없었으나), 3년이 지나자 이미 소의 온 모습은 눈에 안 띄게 되었습니다. 요즘 저는 정신으로 소를 대하고 있고 눈으로 보지는 않습죠. 눈의 작용이 멎으니 정신의 자연스러운 작용만 남습니다. 천리를 따라 커다란 틈새와 빈 곳에 칼을 놀리고 움직여 소 몸이 생긴 그대로를 따라갑니다. 그 기술의 미묘함은 아직 한 번도 살이나 뼈를 다친 일이 없습니다. 하물며 큰 뼈야 더 말할 나위 있겠습니까?[3]

㉢ 솜씨 좋은 소잡이가 1년 만에 칼을 바꾸는 것은 살을 가르기 때문입죠. 평범한 보통 소잡이는 달마다 칼을 바꿉니다. 뼈를 자르니까 그렇습죠. 그렇지만 제 칼은 19년이나 되어 수천 마리의 소를 잡았지만 칼날은 방금 숫돌에 간 것 같습니다. 저 뼈마디에는 틈새가 있고 칼날에는 두께가 없습니다. 두께 없는 것을 틈새에 넣으니, 널찍하여 칼날을 움직이는 데도 여유가 있습니다. 그러니까 19년이 되었어도 칼날이 방금 숫돌에 간 것 같습죠.[4]

㉣ 하지만 근육과 뼈가 엉긴 곳에 이를 때마다, 저는 그 일의 어려움을 알아채고 두려움을 지닌 채, 경계하여 눈길을 거기 모으고 천천히 손을 움직여서 칼의 움직임을 아주 미묘하게 합니다. 살이 뼈에서 털썩하고 떨어지는 소리가 마치 흙덩이가 땅에 떨어

2) 『莊子』「養生主」: 庖丁爲文惠君解牛, 手之所觸, 肩之所倚, 足之所履, 膝之所踦, 砉然嚮然, 奏刀騞然, 莫不中音. 合於 '桑林'之舞, 乃中 '經首'之會. 안동림 역, 『莊子』, (서울: 현암사), 2012, 개정2판 3쇄, 92쪽 인용.

3) 『莊子』「養生主」: 文惠君曰, 譆, 善哉. 技蓋至此乎. 庖丁釋刀對曰, 臣之所好者道也, 進乎技矣. 始臣之解牛之時所見無非牛者. 三年之後, 未嘗見全牛也. 方今之時, 臣以神遇, 而不以目視, 官知止而神欲行, 依乎天理. 批大郤, 道大窾, 因其固然. 技經肯綮之未嘗, 而況大軱乎. 안동림 역, 『莊子』, (서울: 현암사), 2012, 개정2판 3쇄, 93∼94쪽 인용.

4) 『莊子』「養生主」: 良庖歲更刀, 割也, 族庖月更刀, 折也. 今臣之刀十九年矣, 所解數千牛矣, 而刀刃若新發於硎, 彼節者有間, 而刀刃者無厚. 以無厚入有間, 恢恢乎其於遊刃必有餘地矣. 是以十九年而刀刃若新發於硎. 안동림 역, 『莊子』, (서울: 현암사), 2012, 개정2판 3쇄, 95쪽 인용.

지는 것 같습니다. 칼을 든 채 일어나서 둘레를 살펴보며 잠시
머뭇거리다 마음이 흐뭇해지면 칼을 씻어 챙겨 넣습니다. 문혜군
은 말했다. 훌륭하구나. 나는 포정의 말을 듣고 양생의 도를 터득
했다.5)

　　문혜군과 포정의 대화에서 발견할 수 있는 것은 포정이 이러한
경지에 이르기까지는 세 단계를 거쳤다는 것을 알 수 있다. 처음
에는 소를 소가 아닌 것[未嘗見全牛也]으로 보는 단계이고, 나중
에는 소를 눈으로 보지 않는[臣以神遇而不以目視] 단계, 마지막
으로는 정신으로 보는[官知止而神欲行] 단계를 거쳤다. 위의 단
계를 기예의 경지라 하며, 사물과 내가 온전하게 하나가 된다는 것
을 말한다. 쉽게 말하면 반복적인 행위를 통해 '체화되어 얻어지
는 무엇[自得]', 그것을 통달하는 과정과 같다. 거기다『장자』에서
는 이와 같은 '무대(無待)'를 최고의 경지라고 말하고 있다. 나아
가서 이것을 지인(至人), 신인(神人), 성인(聖人)의 경지에 이르러
야 가능한 것이라 보았고, 무대(無待)에 의한 인식의 불완전함을
해소할 수 있을 거라고 여겼다.

　　물은 생겨나면 마치 뛰고 달리듯 하며 움직여 변하지 않는 것이
　　없고, 시시각각 옮기지 않음이 없다.6)

　　위의 인용문과 같이 물의 끊임없는 변화과정은 인식 대상이 되
는 사물과 사건 역시 변화한다는 것을 말하며, 인식 대상의 가변
성을 강조한다. 그렇다면 어디에도 의지하지 않는 무대적 인식을

---

5)『莊子』「養生主」: 雖然, 每至於族, 吾見其難爲, 怵然爲戒, 視爲止, 行爲遲. 動刀甚微, 謋然已解,
　如土委地. 提刀而立, 爲之四顧, 爲之躊躇滿志, 文惠君曰, 善哉, 吾聞庖丁之言, 得養生焉. 안동림
　역,『莊子』, (서울: 현암사), 2012, 개정2판 3쇄, 95~96쪽 인용.
6)『莊子』「秋水」: 物之生也, 若驟若馳, 無動而不變, 無時而不移.

실천해야만 인식 대상의 가변성을 인정할 수 있다. 여기서 무대의 역설적 측면을 발견할 수 있는데, "왜냐하면 이 세상에 존재하는 삼라만상(森羅萬象)은 모든 타자에게 의존하거나, 의지하거나, 기대지 않으면 안 되기 때문이다. 따라서 말 그대로 '기댐이 없음'이나 '의존함이 없음'이면 존속과 존재가 불가능하다고 할 것이다. '홀로'는 존속할 수도, 존재할 수도 없기 때문이다."7) 이를 「소요유」편에서 살펴볼 수 있다.

> 북녘 바다에 물고기가 있다. 그 이름은 곤(鯤)이라고 한다. 곤의 크기는 몇천 리나 되는지 알 수가 없다. 이 물고기가 변해서 새가 되면 그 이름을 붕(鵬)이라 한다. 붕의 등 넓이는 몇천 리나 되는지 알 수가 없다. 힘차게 날아오르면 그 날개는 하늘 가득히 드리운 구름과 같다. 이 새는 바다 기운이 움직여 대풍이 일 때 그것을 타고 남쪽 바다로 날아가려 한다. 남쪽 바다란 곧 천지를 말한다.8)

대붕의 붕정만리(鵬程萬里)가 바로 장자가 말하는 무대함이다. 대붕이 벌써 보통 물고기의 크기를 초절한 곤의 화신이고, 그래서 비상이 가능하기 때문이다. 여기서 바람이라는 것을 의존하였는데, 이것으로 홀로 존재할 수 없지만 홀로 존재하게 되는 것을 빗대어 말한 것이다. 홀로 존재할 수 있음은 기(氣)의 변화라고도 볼 수 있다. 모든 기운[氣]의 변화는 부리며 무궁에 노니는 것이며 최고의 경지라고 감히 말할 수 있겠다.

---

7) 김진근, 「왕부지의 『장자』 풀이에 드러난 '무대' 개념 고찰」, 『동양철학』, 제36집, 한국동양철학회, 2011, 170쪽.

8) 『莊子』 「逍遙遊」: 北冥有魚, 其名爲鯤. 鯤之大, 不知其幾千里也. 化而爲鳥, 其名爲鵬. 鵬之背, 不知其幾千也, 怒而飛, 其翼若垂天之雲. 是鳥也, 海運則將徙於南冥. 南冥者, 天池也. 안동림 역, 『莊子』, (서울: 현암사), 2012, 개정2판 3쇄, 27쪽 인용.

물은 홀연히 왔다가 잠시 의탁할 뿐이다. 잠시 의탁할 뿐이니 그것이 오는 것을 막을 수 없고 그것이 떠나가는 것을 멈추게 할 수 없다.9)

물이 홀연히 왔다가 의탁할 뿐이라고 한 것은, 모든 사물에 대한 어떠한 형상의 인식은 시간에 따라 존재하는 양상이 다르며, 존재하다 사라짐을 반복하고 다시 나타나서 다른 의미를 가져다준다는 뜻이다. 위에서도 언급했듯이, 존재하고 사라지는 것은 보이지 않는 힘에 의해 이루어진다. 이러한 현상은 장자에게 지극히 자연스러운 일로, 인간의 힘으로 막을 수 있는 일이 아니다. 그래서 사물은 스스로의 본성에 의해 존재하고 어디에 기대지도 않고 드러내고 사라짐을 반복한다. 그리고 본래의 어떠한 의미도 지니지 않아 한계를 정하지도 않는다.

2) 무언(無言)

그렇다면 앞서 3장에서 논의한 언어의 문제에서 우리가 나아가야 할 방향은 무엇인가? 『장자』에서 살펴보면 침묵이 한계—물(物), 정(情), 지(知)—를 극복할 수 있을 것이라고 제시하고 있다. 『장자』에서 '말하지 않는 것[不言]'의 의의를 「우언」에서 찾아볼 수 있다.

(시비를) 말하지 않을 때 사물은 조화를 지닌다. 조화를 지니는 일과 시비를 말하는 것은 결코 같을 수가 없다. 그렇기 때문에 시비를 말하지 않는다.10)

---

9) 『莊子』「繕性」: 物之儻來, 寄者也. 寄之, 其來不可圉, 其去不可止.

10) 『莊子』「寓言」: 不言則齊, 齊與言不齊, 言與齊不齊也, 故曰無言. 안동림 역, 『莊子』, (서울: 현암사), 2012, 개정2판 3쇄, 673쪽 인용.

말을 함으로써 우선적으로 발생하는 것은 시비를 논하는 일이다. 인용문에서 말하는 '시비를 말하지 않는다'라는 것은 옳고 그름을 따지지 않는 것이라고도 볼 수 있고, 다른 하나는 말을 하면 뜻이 담겨 있기 때문에 시비를 따지지 않아도 말하는 순간 따지게 된다는 것으로 분석해볼 수 있다. 그렇기에 '말하지 않는다[不言]'라고 한 것으로 볼 수 있다. 이 때문에 시비에 대하여 논하지 않아도 만물은 스스로 알아서 조화를 이룬다. 그렇다면 말을 하지 않는 것만이 가치가 있으며, 단지 침묵을 지키는 것만이 옳은 일인가?

> 말을 해도 시비를 논하지 않으면 평생 말한들 말한 셈이 안 되고, 말을 하지 않아도 마음에 시비가 있으면 평생 말을 하지 않는다고 잠자코 있다고는 할 수가 없다.11)

위의 인용문과 같이 장자는 말을 하지 않는 것이 옳지만, 마음에 시비를 가르는 마음이 있다면 그것은 말로 소리를 내지 않았더라도 침묵하지 않은 것이라고 한다.

그렇다면 장자가 말을 하지 않는다는 것은 무엇을 말하는 것인가. 시비를 논하는 것을 말하면 모든 사물은 동등한 위치에서 보는 것을 전제로 할 수 있는데, 달리 말하면 침묵 혹은 무언이 심미적으로 영향을 미치는가?

이것은 자의식을 버리는 것으로 이해할 수 있다. 앞서도 살펴봤듯이 고정된 마음과 한정된 자신의 상황에 의한 판단을 부정하고 우려하는 차원의 인식을 논하였는데, 이것은 모두 자신의 자의식

---

11) 『莊子』「寓言」: 言無言, 終身言, 未嘗不言, 終身不言, 未嘗不言. 안동림 역, 『莊子』, (서울: 현암사), 2012, 개정2판 3쇄, 674쪽 인용.

에서 비롯한 것임을 알 수 있다. 자의식이 잘 드러나는 것이 언어인데 그것을 말을 하지 않는 것을 통해서 자의식을 비추지 않고 관조하는 일이라고 볼 수 있겠다.

> 도란 모든 사물의 극치이다. 말하는 것으로도 침묵(말하지 않고 생각하는 것)으로도 죄다 설명할 수가 없다. 마땅히 말을 떠나고 침묵(말하지 않고 생각하는 것)을 떠나 도의 지극함을 말해야 한다.[12]

침묵은 언어로 구체화하기 이전의 상태로, 분명한 형상이 없다. 우리가 일상에서 사용하는 언어는 우리의 생각을 뒷받침하여 표현되고 전달되기 때문에 우리의 생각 그 자체를 규정한다. 언어로 규정한다는 것은 역동적으로 변화하는 예술작품의 양상을 그대로 반영하지 못한다. 앞 절에서도 언급했듯이 예술 바깥의 치장에서는 민감한 변화를 인식하지 못한다. 지시하는 무언가가 있다는 것, 규정되어 무언가가 있다는 것은 미세한 변화들을 간과하게 되는 것이고, 만약 일말의 변화들을 언어로 잘 나열했다 하더라도 본래의 예술이 말하고자 하는 심미적임에 완전하게 다가가지는 못한다.

2. 인위 없는 마음: 허정(虛靜)

1) 무정(無情)

3장에서 논의한 '정'은 외부적 요소에 의해 본성을 지키기 어려운 일이라고 보았다. 그렇기에 장자는 본성을 온전히 보전하려면

---

12) 『莊子』 「則陽」: 道物之極, 言默不足以載, 非言非默, 議有所極.

'무정(無情)'해야 한다고 한다. 또는 '허정(虛靜)'이라고 하는데, 둘 뜻의 양상은 조금 다르지만, '없음'과 '비어 있음'이라는 표현을 통해 '정이 없다'라고 하며, '정'이 작용하지 않는 것을 말한다.

> 혜자가 말했다. 사람에겐 본래 정이 없는 걸까? 장자는 대답했다. 그렇다네. 혜자가 다시 말했다. 사람이면서 정이 없으면 어찌 그를 사람이라 하겠나? 장자는 또 대답했다. 자연의 도리가 얼굴 모습을 베풀어주고, 자연의 작용이 몸의 형태를 베풀어주었는데 어찌 사람이라 아니할 수 있겠나?13)

위의 인용문에서 정이 없다는 것은 사람에게 정이 없다는 것이 아니라 정에 얽매이는 것이 부자연스럽고, 본래적인 상태가 아님을 말한다. 또한 사람의 '정'에는 '성심'이 존재한다.14) 이를 장자는 "스스로의 몸속을 해치지 않고 언제나 자연을 따르면서 삶을 덧붙이려 하지 않음을 말한다."15) 장자는 무정을 통해서, 희로애락의 감정을 초월하여, 사사로운 것으로부터 몸을 해치지 않아야 함을 말한다. 유소감 또한 "무정의 목적이 자신을 보호하고 수양하려는 것"16)이라고 말한다. 장자가 지양하는 것은 인간의 본성은 외물에 영향을 받는 것이다. 결국 장자가 말하고자 하는 것은 자기의 본성을 버리고 무정의 상태로 돌아가자는 것이다. 그것은 우리에게 '주어진 본성[德]'을 지키고자 하는 노력의 일환이라고 본

---

13) 『莊子』「德充符」: 惠子謂莊子曰, 人故無情乎. 莊子曰, "然." 惠子曰, "人而無情, 何以謂之人." 莊子曰, "道與之貌, 天與之形, 惡得不謂之人." 안동림 역, 『莊子』, (서울: 현암사), 2012, 개정2판 3쇄, 169쪽 인용.

14) 덧붙이면, '정'은 감정으로서 본성으로서 둘 다를 포함하는 것이며 '성심'은 사사로운 감정과 편협한 지식으로 규정하겠다. 정에 성심이 있다고 한 것은 감정과 본성은 개인의 것이며, 개인은 하나의 경험을 토대로 한 자신만의 지식이 있기 때문이다.

15) 『莊子』「德充符」: 言人之不以好惡內傷其身, 常因自然而不益生也.

16) 김형석, 「장자의 즐거움」, 『동양철학』, 제43집, 한국동양철학회, 2015, 393쪽 참고.

다. 그러므로 "성인의 무정은 옳고 그름의 기분을 자기에게서 찾지 않는다는 것이다. 이것은 무욕을 의미한다. 이와 같이 시비의 가름은 자기의식에 기초하고 있다. 즉, 자기의식은 곧 욕망을 의미하기 때문이다. 그러므로 장자는 자기에게서 옳고 그름의 기분을 찾지 않는다는 것이다."[17] 한편으로 예술 창작활동의 측면으로 보면, 장자가 정(情)과 성(性)을 동등한 차원에서 논의하는 것은 '본래의 혹은 본성으로서의 정[性]'과 관련되어 언급될 수 있는 개인의 개성과 창의성을 인정하는 사고라고 할 수 있다. 자신의 개성과 창의성을 인지하다 보면 자신이 옳다는 착각에 빠지거나 자신의 논리에서 벗어나지 못하는 상황에 이를 수 있다. 그렇기에 자신의 본성을 지키려면 자신의 감정을 없애어, 온전한 상태를 유지해야 함을 말하는 것이라고 할 수 있다.

> 그는 외형의 변화에 놀라기는 하지만 마음이 상하지는 않고, 있
> 는 곳을 옮길 뿐 정말로 죽는 일은 없다.[18]

인용문을 살펴보면, 외형의 변화에 놀라기는 하지만 마음이 상하는 않았다. 즉, 세속을 따른 외형의 변화나, 삶과 죽음은 하나임을 알기 때문에 죽음으로 마음이 상하거나 슬퍼지는 일이 없다는 것이다. 이를 통해 알 수 있는 것은 무정의 경지가 진정 자연의 경지가 아닐까 싶다.

장자가 말하는 '무정'은 감정 자체를 없앤다는 의미라기보다는 인위적이며 독단적인 규준들이 타고난 자연성을 없애지 않는 것이고, 좋아하고 싫어하는 감정에 따라 사물의 자연성을 바꾸지 않는

---

17) 김희, 「장자 자연관에 나타난 개체성 연구」, 성균관대학교 박사학위논문, 2010, 116쪽.
18) 『莊子』 「大宗師」: 彼有駭形而無損心, 有旦宅而無情死.

것으로, 결국 우리의 마음가짐을 새롭게 해야 하는 것이다.[19] 다시 말하면 감정은 마치 바람이 땅의 다양한 구멍을 통하여 다양한 소리를 만들어내는 퉁소 소리[20]와 같이, 다양한 형태로 일어나기도 하고 사그라지기도 하지만, 여기에 연연할 필요가 없다는 것이다. 그렇다면 이제 비슷한 맥락에서 논의되는 '허정(虛情)'에 대해 살펴보고자 한다.

2) 허정(虛靜)

"'허(虛)'는 주로 도가의 정신을 대신한다. '허'는 '비운다'는 동사적 의미와 더불어 '빔'이라는 명사적 의미를 동시에 지닌다."[21] 거기다 "기존의 자아를 형성시켰던 모든 분별적 요소를 제거하는 것이다."[22]

"자연의 상태와 상호 균형을 이룬 마음이 '허'이며, 이 상태를 이루기 위한 자기부정의 작업 또한 '허'이다. 이러함 점에서 '허'는 주로 '수양론'이라고 일컫는 철학적 범주에서 논의된다. 도가철학에서 '수양론'의 영역이 요청되는 까닭은 일상적 자아에 문제의 소재가 있기 때문이다. 노자는 이러한 범주를 '상심(常心)'이라 했고, 장자는 '성심(成心)'이라고 하였다. 모두가 고정된 마음, 기성의 선입견, 편견 등의 주관적 마음을 가리킨다. 이러한 마음은 분열의 시스템 위에서 자아와 타자를 나누는 악성의 이분법에 충실하며, 자기중심적인 욕구의 충동에 휩싸여 있다. 이러한 자아의 고

---

19) 이진용, 「장자의 감정과 공감의 문제」, 『한국철학논집』, 제46집, 한국철학사연구회, 2015, 55쪽.
20) 본서 68쪽 주석 51)번 참고
21) 이동철·최진석·신정근 엮음, 『21세기의 동양철학』, (서울: 을유문화사), 2009, 240쪽.
22) 정륜, 「장자와 역설」, 『대동철학』, 제6집, 대동철학회, 1999, 280쪽.

정성 때문에 인간은 존재 자체의 세계와 상호 통상적이지 못하다. 도가의 철학자들은 이 지점에서 마음과 연계된 '허(虛)'의 범주를 제시한다."23)

'허정'의 본체는 결코 작용이 없는 것은 아니다. 오히려 정반대라 할 수 있는데 초월된 마음이 직접적으로 만들어내는 작용, 이것이 천지만물과 상통하는 작용이다.24)

이제 『장자』의 텍스트로 돌아와 허정의 사례를 찾아보면, 장자는 허정(虛情)이라는 말을 언급한 것은 없다. 우리가 추측하여 정을 비워내야 하는 것이기 때문에 허정은 무정과 같은 맥락으로 보는 것이다. 이것을 통틀어 논하는 것이 허정(虛靜)이며, 이것이야말로 장자가 추구하는 이상세계임을 알 수 있다. 그렇다면 『장자』의 원문으로 살펴보자.

대저 무심의 고요로 안정을 지키고 그윽한 적막에 있으며 작위가 없다는 것이야말로 천지자연의 기준이며 도덕의 본질이다. 그래서 제왕이나 성인도 그 경지에 쉬는 것이다. 거기에 있으면 무심해지고, 무심해지면 [모든 것을 받아들일 수 있어서] 충실해지며, 충실하면 잘 다스려진다. 무심하면 고요해지고, 고요하면 [모든 것을 쉽게 응대하므로] 잘 움직이고, 잘 움직이면 모든 일이 뜻대로 된다. 고요하면 작위가 없고, 작위가 없으면 일을 맡은 자가 각기 책임을 다한다. 작위가 없으면 마음이 즐겁고, 마음이 즐거우면 걱정거리가 깃들 수 없으며, 수명(壽命)도 길어진다. 대저 무심의 고요함으로 안정을 지키고 그윽한 적막에 있으며 작위가 없다는 것이야말로 만물의 근본이다.25)

---

23) 이동철·최진석·신정근 엮음, 앞의 책, 240~241쪽.

24) 쉬푸관, 권덕주 역, 『중국예술정신』, (서울: 동문선), 2000, 124쪽.

25) 『莊子』「天道」: 夫虛靜恬淡寂漠無爲者, 天地之平而道德之至. 故帝王聖人休焉. 休則虛, 虛則實, 實則倫矣. 虛則靜, 靜則動, 動則得矣. 靜則無爲, 無爲也則任事者責矣. 無爲則俞俞, 俞俞者憂患不能處, 年壽長矣. 夫虛靜恬恬寂漠無爲者. 萬物之本也. 안동림 역, 『莊子』, (서울: 현암사), 2012, 개정2판 3쇄, 346쪽 인용.

여기서 '허정'이란 '무심의 고요함'이라고 한다. 이는 우리의 마음에 어떠한 것들이 깃들면 사물의 상태를 온전히 보지 못하는 데에 있음을 말한다. 앞서 논의한 무정과 같은 맥락이긴 하지만 허정의 개념이 더욱더 포괄적이라고 할 수 있겠다. 또한 허정한 상태는 자연의 상태로도 볼 수 있으며, 나아가 본서의 '편견 없는 시각'인 '심미적 관점'으로 나아가는 결이 같다고 볼 수 있겠다.

> 무심의 고요함을 하늘과 땅에 밀고 나가 만물의 두루 통함을 말
> 한 것이다. 이것을 하늘의 즐거움이라 이른다. 하늘의 즐거움이란
> 성인의 마음으로 천하를 양육하는 것이다.26)

'정'에 대해 다시 살펴보면, 감정은 다양한 구멍에서 다양한 소리를 내듯이 다양한 형태로 존재하다가 사라지기도 한다. 이러한 다양한 경험과 생각 그리고 감정들이 사라지더라도 연연해하지 말 것을 강조한다. 따라서 "삶과 죽음은 자연의 변화이기 때문에 그 자체에 마음을 쓰지 않고 편안히 순응하는 자세를 갖게 되는 것이다. 따라서 새로운 판단 기준의 내용은 '자연의 질서'를 의미한다고 볼 수 있으며, 장자는 시비 판단에 따른 감정에서 벗어나 자연의 질서에 따르는 방법으로, 옳고 그름의 판단이나 태도를 이끄는 자기중심주의나 사적 자의식의 작용을 그치게 할 것, 그리고 나의 마음을 가득 채우고 있던 감정을 비울 것을 요청한다."27)

또한 무심한 마음, 어떠한 것에 동요되지 않을 것을 말하는데 허정한 마음을 가진 자가 성인의 마음과 같다고 한다. 이는 행동하는 사람의 마음은 정이고 그것을 기초로 하여 행동하기 때문에

---

26) 『莊子』 「天道」: 言以虛靜推於天地, 通於萬物, 此之謂天樂. 天樂者, 聖人之心以畜天下也.
27) 이진용, 「장자의 감정과 공감의 문제」, 『한국철학논집』, 제46집, 한국철학사연구회, 2015, 56쪽.

왕이 되는 것이라고 한다. 이렇듯 『장자』에선 "고요히 있으면 성자가 되고 움직이면 왕이 된다. 작위가 없으면 고귀해지고 소박하여 본질 그대로면 천하에 겨룰 것이 없을 만큼 훌륭해진다"[28]라고 말한다.

3. 앎: 진지(眞知)와 대미(大美)

1) 진지(眞知)

『장자』를 살펴보면 장자는 지식에 대하여 회의적인 경향을 종종 엿보였다. 그렇다면 장자가 말하고자 하는 지식은 무엇일까?

> 소지를 버리면 대지가 밝아진다.[29]

여기서 말하는 대지(大知)란 장자가 추구하려는 만물에 대한 '진지(眞知)'이다. 거기다 대지는 도를 얻은 사람의 지혜로, 이러한 사람을 진인(眞人)[30]이라 한다. 진지에 이르면 혼돈 같은 상황[31]은 있을 수 없는 것이다. 혼돈이 죽음에 이른 것은, 숙과 홀이 '자신의 견해[小知]'로써 혼돈을 대했기 때문인 것이다. '진지'란 절대적인 지식이 아님을 확인할 수 있다.

---

28) 『莊子』「天道」: 靜而聖, 動而王, 無爲也而尊, 樸素而天下莫能與之爭美. 안동림 역, 『莊子』, (서울: 현암사), 2012, 개정2판 3쇄, 347쪽 인용.

29) 『莊子』「外物」: 去小知而大知明.

30) 『莊子』에서 眞人은 인간 중에서도 궁극적인 인간이며, 최고의 인간이기 때문에 '至人'이라고도 한다.

31) 본서 80쪽 주석 88)번 참고

지식이란 의거하는 표준이 있은 다음 비로소 옳은 것이 된다. 그런데 그 표준이 아직 확정되지 않았다. 나는 사람과 자연을 나누어서 말해 왔지만 내가 말하는 자연이 사람이 아닌지, 내가 말하는 사람이 자연이 아닌지를 어떻게 알겠는가.32)

이렇듯 지식이란 고정된 것이 아니라 변화 가능성을 지닌 것이다. 이성희도 마찬가지로 이를 "지식은 어떠한 대상과 일치를 보일 때 옳은 것이 되는데, 그 대상이란 것이 고정불변한 것은 아니다"33)라고 말했다.

장자에게 지식은 개별적 주체가 지닌 개별적 견해인 것이기 때문에 '제한된 앎[小知]'의 일종이다. 그래서 외물에 절대적 지위로 삼지 않아야만, 그것을 올바른 '지', 즉 '진지(眞知)'라고 할 수 있다. 『장자』에서는 '진지'를 "진인(眞人)이 있어야만 비로소 진지가 있기 마련이다"34)라고 했다. 그래서 진지를 지닌 사람인 진인이 참된 지식35)을 깨닫는 자임을 알 수 있다.

소와 말에게 네 개의 발이 있는 것, 이것이 천(자연)이다. 말 머리에 고삐를 달고 소의 코에 구멍을 뚫는 것, 이것이 사람의 작위이다. 그러므로 옛말에도 "인위로 천을 망치지 말라. 그러므로 천성을 망치지 말라. 덕을 명성 때문에 희생시키지 말라"라고 했다. 삼가며 지켜서 잃지 않도록 하는 것, 이것이 진으로 돌아간다고 했다.36)

---

32) 『莊子』「大宗師」: 知有所待而後當, 其所待者特未定也. 庸詎知吾所謂天之非人乎. 所謂人之非天乎. 원문 번역은 안동림 역, 『莊子』, (서울: 현암사), 2012, 개정2판 3쇄, 175~176쪽을 인용했다.

33) 이성희, 「莊子哲學의 실재관 연구-심미적 성격을 중심으로」, 부산대학교 박사학위논문, 2001, 84쪽.

34) 『莊子』「大宗師」: 有真人而後有真知.

35) 안동림 역, 『莊子』, (서울: 현암사), 2012, 개정2판 3쇄에서는 '참된 지식'이라고 번역되었다.

36) 『莊子』「秋水」: 牛馬四足, 是謂天. 落馬首, 穿牛鼻, 是謂人. 故曰, 無以人滅天, 無以故滅命, 無以得殉名. 謹守而勿失, 是謂反其真. 신성열, 『노장의 예술철학』, (경기: 한국학술정보), 2010,

소나 말은 태어나면서부터 발이 네 개인데, 네 발로써 자유자재로 활동한다. 이러한 이치는 천연적으로 그렇게 된 것으로 소나 말의 본성이다. 그러나 사람들이 고삐를 매거나 코를 뚫어 소나 말의 본성을 구속하면, 그 자연본성을 파괴하는 것이고, 결국 '천(天)'과 '진(眞)'까지도 파괴하는 것이다. '소와 말이 네 다리를 지니고 있는 것을 천이라고 한 것'은 당연히 자연스러움에 따른 것이다. 만약 인위적인 힘으로 간섭하거나 변화시키게 된다면, 이것은 소나 말의 고삐를 매거나 코를 뚫는 일과 같은 것이다. 천지만물의 생명이 그 자유로움을 상실하고 외부의 힘에 지배받는 물건이 되며, 결국 미(美)를 상실하게 되는 의미가 된다. 이처럼 장자는 미(美)가 인간 본성에 따라 활동하여 얻어지는 것으로서 천지만물 자체의 합법적인 운동 속에서 드러나는 자유라는 사실을 의식했다.[37)]

> 진에서 떠나지 않는 사람을 진인이라 한다.[38)]

그렇다 하면 '진(眞)'이란 무엇이고 '진지(眞知)'란 무엇일까? 『장자』「어부」에서 실마리를 얻을 수 있는데 진(眞)은 도(道)와 관계하면서 다양한 의미로 전해짐을 확인해볼 수 있다.

> 진이란 순수와 성실의 극치이니, 순수하지 아니하고 성실하지 않으면 사람들을 감동시킬 수가 없다. 그러므로 억지로 슬퍼하는 자는 비록 그것이 슬퍼 보이더라도 애처롭지 아니하고, 억지로 성내는 자는 그것이 비록 위엄이 있다 하더라도 남이 위엄을 느

---

37) 신성열, 『노장의 예술철학』, (경기: 한국학술정보), 2010, 104쪽.
38) 『莊子』「天下」: 不離於眞, 謂之眞人.

끼지 아니하고, 억지로 친하게 행동하는 자는 비록 웃더라도 사
람들을 즐겁게 하지 못한다. 그러나 참다운 슬픔은 소리 없이도
애처롭고, 참다운 노여움은 드러나지 않더라도 위엄이 있으며, 참
다운 친애는 웃음이 없이도 사람들을 즐겁게 한다. 그것은 참된
도가 안에 갖추어져 있으면 신묘한 작용이 밖에서 드러나기 때문
이니, 이것이 참된 도를 귀하게 여기는 까닭이다.
참된 도가 인간세상의 도리에 작용할 때에는 어버이를 섬겨서 자
애와 효행이 되고, 임금을 섬겨서는 충성과 정절이 되고, 술을 마
셔서는 기쁨과 즐거움이 되고, 슬픔을 당해서는 슬픔이 된다. 충
성과 정절은 훌륭한 공적을 목적으로 삼고, 어버이를 섬길 때에
는 어버이의 뜻에 맞추는 것을 목적으로 삼는다. 그래서 공을 이
루는 아름다움은 그 자취가 일정하게 한정되지 않으며, 어버이를
섬길 때에는 어버이의 뜻에 꼭 맞으면 되고 그 방법은 따질 것이
없으며, 슬픔을 치를 때에는 슬퍼하면 그만이지 장례의 규정은
문제 삼을 것이 없다. 그러니 예라고 하는 것은 세속에 인위적으
로 만든 것이고, 참된 도라는 것은 자연에서 받은 것인지라 본디
그러하여 바꿀 수 없는 것이다. 그러므로 성인은 자연인 천을 본
받고 참된 도를 귀하게 여겨 세속의 풍속에 구속되지 아니하는
데, 어리석은 자들은 이에 반하여 자연인 천을 본받을 줄 모르고,
인위적인 구속을 걱정하며, 참된 도를 귀하게 여길 줄 모르고 주
체성 없이 남에게 끌려만 다니면서 세속에 의해 변화된다. 그 때
문에 참된 도가 부족하게 된다.[39]

이렇기 때문에 '진(眞)'은 그 안에 갖추어져 스스로 드러내며 일
정한 것이 아니다. 그리고 자연에서 받은 것이어서 바꿀 수 없는
것이다. 그렇기에 참된 본성으로, "신중하게 지켜야 할 본성"[40]이
기도 하다. 따라서 '진지'는 '참된 지식'이다. 필자가 덧붙이자면

---

39) 『莊子』「漁父」: 真者, 精誠之至也. 不精不誠, 不能動人. 故强哭者雖悲不哀, 强怒者雖嚴不威,
强親者雖笑不和. 真悲無聲而哀, 真怒未發而威, 真親未笑而和. 真在內者, 神動於外, 是所以貴真
也. 其用於人理也. 事親則慈孝, 事君則忠貞, 飮酒則歡樂, 處喪則悲哀, 忠貞以功爲主, 飮酒以樂
爲主, 處喪以哀爲主, 事親以適爲主, 功成之美, 無一其跡矣. 事親以適, 不論所以矣. 飮酒以樂,
不選其具矣, 處喪以哀, 無問其禮矣. 禮者, 世俗之所爲也. 真者, 所以受於天也. 自然不可易也,
故聖人法天貴真, 不拘於俗, 愚者反此. 不能法天而恤於人, 不知貴真, 祿祿而受變於俗, 故不足.
안병주・안호근・김형석 역, 『莊子4』, (서울: 전통문화연구회), 2012, 208～209쪽 참고.

40) 『莊子』「漁父」: 愼守其真.

인위적 상황을 버리고 자연 상태로 존재하는, '그 자체로서의 앎'
이다.

> 우물 속에 있는 개구리에게 바다에 대해 말해도 소용없는 것은
> 그 개구리가 살고 있는 좁은 곳에 사로잡혀 있기 때문이오. 여름
> 벌레에게 얼음에 대해 말해도 별수 없는 것은 그 벌레가 살고 있
> 는 철(시간)에 집착되어 있기 때문이오. 한 가지 재주뿐인 사람에
> 게 도에 대해 말해도 통하지 않는 것은 그가 받은 교육에 얽매여
> 있기 때문이오.41)

　우물 속 개구리와 여름곤충 그리고 한 가지 재주뿐인 사람, 모
두 자신의 견해에 얽매여 있는 생물들이다. 이는 하나의 지식에
얽매여 있는 것을 말한다. 달리 말하면 관점의 얽매임이라고도 볼
수 있다. 얽매임으로부터 자유로운 것이 '자연'이다. 얽매임은 '성
심'과 같은 고착된 의식으로 우리가 참된 지식을 얻는 데에 방해
가 된다.

　예를 들면, 인도의 우화 <장님과 코끼리>는 사람마다 코끼리의
다리, 코, 몸통 등 일부만을 만져보고는 '코끼리는~다'며 자신이
만진 코끼리만이 진짜라고 생각하는 장님들이 등장한다. 어찌 보
면 실제로 체득한 경험이어서 참된 지식이라고 여겨질 수 있겠지
만, 이렇게 일부만을 경험한 것이 자신만의 판단 기준이 되고, 그
것으로 전체를 규정하는 행위로 이어져 참된 지식이 될 수 없는
것이다.

　이렇듯 장자의 입장에서 보면, 참된 지식이어도 그것을 기준 삼
아 사물과 사태 그리고 우리의 삶을 관조한다면 그때부터 참된 지

---

41) 『莊子』「秋水」: 井䵷不可以語於海者, 拘於虛也. 夏蟲不可以語於冰者, 篤於時也. 曲士不可以語
於道者, 束於敎也.

식이 아닌 것이다. 처음부터 어떤 기준 자체가 된다는 것이 진지와
는 멀다. 이에 개구리가 우물 밖으로 나와 바다를 보려고 하는 의
지가 있다면, 진정한 앎을 깨달을 가능성이 있다고 볼 수 있을 것
이다. 하지만 우물 안에서 설명에 그치고 우물 속의 세상이 전부라
고 생각한다면 결코 아는 것 없는 사람만도 못하게 되는 것이다.

2) 대미(大美)

그렇다면 미(美)에 대해 이와 같이 접근하면 '소미(小美)'와 '대
미(大美)'이다. 『장자』에서는 아름다움, 즉 '미(美)'를 두 유형으로
분류하고 있다. 하나는 일반적인 아름다움으로 미(美)와 추(醜)라
는 상대적 개념의 아름다움이다. 다른 하나는 도의 아름다움으로
절대적 아름다움이다. 전자를 『장자』에서 '소미', 후자를 '대미' 혹
은 '지미'라고 한다. "소미는 인간이성의 시계(視界)에 속하며, 사
람의 언어로써 표현할 수 있다. 그러나 대미는 인간의 이성이 미
칠 수 없으며 인간의 언어로는 분별할 수 없는, 뒤섞여 하나가 된
아름다움으로 무언의 아름다움이다. 소미는 임시적이며 파생적이
고 국한되지만, 대미는 영원하고 본원적이며 무한하다. 소미는 인
위적 아름다움이고, 대미는 조화의 아름다움이다."[42]

『장자』「추수」편에서 미에 대한 논의를 살펴보자.

> 사방이 드넓은 바다조차도 천지 사이에 있다는 점을 헤아려보면
> 마치 작은 구멍이 커다란 못 속에 있음과 같지 않겠소? 중국 사
> 해로 빙 둘려진 안에 있다는 것을 헤아려보면 돌피 알이 커다란
> 창고 속에 있음과 같지 않겠소? 이 세상의 사물의 수는 만물이라
> 고 불릴 정도인데 사람은 그 속의 하나일 뿐이오. 사람은 구주로

---

42) 주량즈, 신원봉 역, 『미학으로 동양 인문학을 꿰뚫다』, (경기: 알마), 2013, 241쪽 참고.

된 이 세계 안에서 곡식이 생기는 곳, 배나 수레가 다니는 곳 어디에나 있으므로 사람은 만분의 일에서 다시 그중의 하나일 뿐이오. 이렇듯 그를 만물에 비교해보면 가느다란 터럭이 만의 몸에 붙어 있는 것과 같지 않겠소? 오제가 차례로 이어받은 일이나 삼왕이 다투어 이룩한 일 따위도 모두 이와 같은 사소한 것이오. 백이는 임금 자리를 사양하여 명성을 얻었고 공자는 육경을 말해서 박식하다고 하오. 이들이 스스로 뛰어난 점이 많다고 여기고 있는 것은 아까 당신이 자기 물에서 많다고 생각했던 바와 같지 않겠소!43)

하백이 물었다. 그러면 나는 천지를 큰 것, 털끝을 작은 것이라고 하면 되겠습니까? 북해약이 대답했다. 아니, 안 되오. 대저 사물의 수량에는 끝이 없고 시간의 흐름은 멈춤이 없으며 각기 사물의 운명도 차례로 변화하여 일정함이 없고 처음과 끝은 되풀이되어 집착이 없소. 이러하니까 참된 지혜를 터득한 자는 멀고 가까운 곳을 두루 다 관찰하오. 그러므로 작다고 깔보지 않고 크다고 뛰어나다 하지 않소. 그것은 사물의 수량이 한이 없음을 알고 있기 때문이오. 과거와 현재를 통틀어 밝히오. 그래서 오랜 옛일이라고 해서 어둡지 않고 가까운 일이라고 해서 허둥지둥 애쓰지도 않소. 시간의 흐름은 멈추는 일이 없다는 것을 알고 있기 때문이오. 가득 차고 텅 빈 것을 관찰하오. 그러므로 무엇을 얻었다고 기뻐하지 않고 잃었다고 울적해하지도 않소. 사물의 운명이 일정한 것이 아님을 알고 있기 때문이오. 도가 평등하다는 것을 밝히오. 그래서 살아 있음을 기뻐하지 않고 죽는 것을 역겨워하지도 않소. 처음과 끝이 되풀이되어 집착하지 않음을 알기 때문이오.44)

위의 인용문에서는 은유를 통하여, 사물이 점층적으로 커지면서

---

43) 『莊子』「秋水」: 計四海之在天地之間也, 不似礨空之在大澤乎. 計中國之在海內, 不似稊米之在大倉乎. 號物之數謂之萬, 人處一焉. 人卒九州, 穀食之所生, 舟車之所通, 人處一焉. 此其比萬物也, 不似豪末之在於馬體乎. 五帝之所連, 三王之所爭, 仁人之所憂, 任士之所勞, 盡此矣. 伯夷辭之以爲名, 仲尼語之以爲博, 此其自多也. 不似爾向之自多於水乎! 안동림 역, 『莊子』, (서울: 현암사), 2012, 개정2판 3쇄, 420쪽 인용.

44) 『莊子』「秋水」: 河伯曰, "然則吾大天地而小豪末, 可乎?" 北海若曰, "否. 夫物, 量無窮, 時無止, 分無常, 終始無故. 是故大知觀於遠近, 故小而不寡, 大而不多, 知量無窮. 證曏今故, 故遙而不悶, 掇而不跂. 知時無止. 察乎盈虛, 故得而不喜, 失而不憂, 知分之無常也. 明乎坦塗, 故生而不說, 死而不禍, 知終始之不可故也. 안동림 역, 『莊子』, (서울: 현암사), 2012, 개정2판 3쇄, 421쪽 참고.

아름다움의 크기에 대하여 말하고 있다. "즉, 작은 것에 비해 큰 것은 아름답다. 큰 것에 비해 작은 것은 추하다. 가장 작은 것에서 가장 큰 것까지는 여러 층위로 나눌 수 있다. 정신에 있어서도 점진적으로 상향하는 위계의 다층적 경계가 있다. 보다 낮은 단계에서는 보다 높은 경계의 아름다움을 알 수 없다."45) 다층적으로 있다는 것은 심미적인 접근의 방식 혹은 심미적 관점에는 여러 경계가 있음을 말한다. 경계는 한정되어 있지 않으며, 인간의 일상에서의 경험이 체득되어 쌓임과 동시에 더 높은 경계에 도달하는 것이다. 이를 올바른 아름다움, 즉 장자가 말하고자 하는 대미에 다가가는 층차임이 분명하다. 그렇다면 은유를 통해 말한 아름다움에 기준이 있는가?

> 모장과 여희를 사람들은 아름답다고 여기지만 물고기는 그들을 보면 물속으로 깊이 도망가고, 새들은 그들을 보면 하늘로 높이 날아가고, 사슴은 그들을 보면 힘껏 달아난다. 이 네 가지 중에서 누가 천하의 올바른 아름다움을 아는가?46)

올바른 아름다움의 기준이 있다면, 그 아름다움은 모두 지식의 아름다움이자, 언어의 아름다움이다.

근본적으로 장자는 불언의 아름다움을 절대적 아름다움이라 생각해 아름다움의 본체로 삼았다. 그리고 지식과 이성에 탐닉하는 인간의 고질적인 질병을 진단하고 치료하려 했다. 지식으로 천하를 해설하는 것은 '소지'인 데 반해, 홀로 우뚝 서서 아무런 지식 없이 망연한 마음으로 순수하고 온전한 뜻을 보존하는 것은 '대

---

45) 이성희, 『장자의 심미적 실재관』, (경기: 한국학술정보), 2008, 250~251쪽.
46) 『莊子』「齊物論」: 毛嬌, 麗姬. 人之所美也. 魚見之深入, 鳥見之高飛, 麋鹿見之決驟. 四者孰知天下之正色哉? 임태규, 『장자 미학 사상』, (서울: 문사철), 2013, 207쪽 인용.

지'라 한다.47)

다시 미(美)로 돌아가면, 미추의 판단과 분별은 주관적 감정이나 지식의 영향을 받는다.48) 장자에 의하면 미적 판단은 후천적으로 수용된 지식이나 사회적 경험에 의해 만들어진 사회적 통념이나 가치관, 그리고 고정화된 주체의 인식에서 생겨난다.49) 따라서 한정된 지식으로 해설이 가능한 것을 탈피하는 노력을 해야 '지극한 아름다움[至美]'인 대미를 얻을 수 있는 것이다.

하이데거는 "예술작품을 그 순수한 자립 상태 속에 머무르게 해야 한다고 피력한다. 예술가는 작품을 스스로 존재하도록 하며, 작품이 탄생하면 예술가는 소멸해야 한다고 말한다."50) 이를 토대로 보았을 때 작품이 스스로 예술임을 증명하는 것이 '대미'를 이야기하는 것이 아닐까? 대미에 이르게 하는 것도 진인(眞人)으로 말할 수 있는 예술가에 있는 것이라 생각한다. 그렇기에 장자가 추구하는 미는 아름다움을 넘어서는 정신적인 감동이라고 할 수 있다.

이를 움베르토 에코(Umberto Eco, 1932~2016)는 "일단 현대 예술작품을 읽거나 관람하는 사람들이 해당하는 작품이 이야기하고자 하는 모든 내용(즉, 서사적 시간의 새로운 조직화 방식이라든가 공간의 새로운 분할, 독자와 작가 그리고 텍스트와 해석자 간의 특수한 관계, 작품이 제시하고자 하는 구조적 이념)을 이해하거나, 특히 예술가가 이전에 이미 선언했던 내용이나 그 작품을 소개하고 있는 비평 논문에 크게 기대고 있다는 사실을 발견하는 경우 당연히 더 이상 그 작품을 읽고 싶은 마음이 달아날 수밖에

---

47) 주량즈, 신원봉 역, 『미학으로 동양 인문학을 꿰뚫다』, (경기: 알마), 2013, 243쪽 참고.

48) 주량즈, 신원봉 역, 위의 책, 242쪽.

49) 임태규, 『장자 미학 사상』, (서울: 문사철), 2013, 207쪽.

50) 하이데거, 오병남·민형원 공역, 『예술작품의 근원』, (서울: 예전사), 1996, 46쪽 참고.

없을 것이다. 이미 그 작품에서 얻을 수 있는 내용을 모두 알고
있는 듯한 느낌이 들기 때문에 억지로라도 그 작품을 읽어야 할
경우 원래 작품을 읽을 때 느낄 수 있는 즐거움을 전혀 누릴 수
없어 적이 실망하고 말 것"51)이라며 예술의 죽음을 이야기한다.
이는 직관적으로 나타나는 것이 아닌 이전의 지식과 언어로 해설
된 것들을 통해서 예술작품을 맞이한다는 것을 부정한다는 것이
다. 따라서 장자의 시선으로 보았을 때 이전의 지식과 언어는 '쓰
임[用]'에 가깝다고 할 수 있다.

---

51) 움베르토 에코, 조형준 역, 『열린 예술작품-카오스모스의 시학』, (서울: 새물결), 1995, 267쪽.

제 5 장 | 결 론

『장자(莊子)』의 '자연(自然)'을 중심으로 심미적 관점의 한계와 극복에 대해 살펴보는 일은 매우 흥미로웠지만 한편으론 조금 어려웠다. 왜냐하면 '자연'이라는 개념이 '～무엇이다'라고 고정되어 있지 않고, 쉽사리 정의 내릴 수 있는 개념이 아니기 때문이다. 그렇기에 더욱 심미적으로 접근할 수밖에 없었던 까닭이 아닐까 싶다.

　연구 목적에서도 밝혔듯이 심미적이라는 말도 예술 전반에 사용하는 언어로만 짐작하여 쓰였지, '심미는 무엇이다'라는 명확한 개념은 발견할 수 없었다. 그래서 본서는 심미를 '편견 없는 시각'이라 말하며 심미적 관점의 한계와 극복에 대해서 논의하였다.

　2장에서는 '자연'의 형성배경에 대해 알아보았다. 역사적으로 접근하여 살펴보니, 자연의 등장은 전국시대라는 혼란기에 빛을 냈음을 알 수 있었다. 복잡하고 불안한 현실 속에서 자유를 추구할 수 있었던 건 사상의 자유로움뿐이었을 것이라 추측한다. 그러다 보니 사상마저 어디에 얽매이지 않을 수 있는 방면으로 발전하지 않았나 싶다. 이에 '자연'은 자연스러운 어떠한 것, 형상 없이 존재하는 것임을 알게 되었다. 그리고 같은 의미로 쓰이는 '천(天)'과 '도(道)'에 대해 살펴보았다. '천'은 이전부터 쓰였고 '도'는 도가에서 쓰이는 것으로, '도'와 '자연'이 결이 같음을 증명했다.

먼저 도가의 주 텍스트라고 일컬어지는 『노자(老子)』와 『장자(莊子)』에서 '자연'의 의미를 살펴보았다. 왜냐하면 자연의 경우는 명제화된 개념이 아니기 때문에 여러 용례를 살펴볼 필요가 있었다. '자연'에 대한 언급에 있어서는 전술했다시피 『장자』 원문에는 8번밖에 언급되지 않아, 여러 해석의 여지를 갖는 개념인데, 『노자』에서는 자연을 그보다 적은 5번 언급하였다. 그렇기에 자연에 관한 연구자들의 논문을 종합하여 분석하면서 자연 개념에 대한 명확성과 필자의 논의를 분명하게 할 수 있었다.

'자연'은 고정함이 없는 어떠한 것으로 변화를 수반한다. 이것이 자연을 대신한다기보다 자연에 대한 또 다른 표현방법이라 생각하여, '화(化)'에 대해서 원문 위주로 연구하였다. '화'는 '자생자화(自生自化)'라 하여 스스로 나타나고 변화하는 것을 알 수 있다. 따라서 '자연'은 고정됨이 없이 자유로우며 끊임없는 변화를 수반하는 것이라고 증명하고, "장자의 자연성은 심미판단으로서의 미추의 상대성을 인식하는 핵심적인 근거이며, 장자가 인식하는 미적 본질의 맥락을 드러내는 핵심주제"[1]임을 알 수 있었다.

3장에서는 장자가 사물을 인식하는 데에, '자연'을 그대로 받아들이는 것에 영향을 주고 심미적으로 접근할 때의 한계로 나타나는 개념에 대해 연구하였다. 장자를 통해서 보면 『장자』 텍스트 전체에 부정하고자 하는 개념들이기도 하였다. 이에 인식방법에 관한 개념들이 긍정적이고 혹은 부정적 측면을 지니기도 하는데,

---

1) 임태규, 『장자 미학 사상』, (서울: 문사철), 2013, 195쪽.

항상 고정된 경우는 아니었다. 그것을 『장자』에서 세 개념으로 함축한다. 함축한 개념은 물(物), 정(情), 지(知)이며, 자연의 본성을 거스르거나 방해하는 요인으로 작용하는 개념이다.

첫 번째, '물(物)'의 경우는 '대대(對待)'와 '언어[言]의 지칭의 문제'를 다루었다. 본서에서의 '대대'란 사물의 본성을 제대로 인식하지 못하는 관점이며, 한정된 기준점을 제시하는 것이라고 했다. '언어'는 인습적 관념으로 작용하여, 사물의 본질을 흩뜨리는 경향이 있음을 지적했다. 그리고 지칭하며 사물에 이름을 붙이는 행위로부터 한계와 시비가 생김을 지적했다. 심미적 측면에서 두 관점의 양상으로 접근한다면, 사물과 사태 그리고 어떠한 형상의 변화를 읽어내지도 느끼지도 못할 것이라고 주장했다.

두 번째, '정(情)'의 경우는 '감정의 정[情]'과 '본래의 정[性]'이라는 개념을 가지고 이야기한다. 감정의 '정'은 본성을 해치는 것으로 보았고, 본래의 '정'은 본성 그 자체로 이해했다. 감정은 희로애락과 시비로 개인의 사사로운 감정으로 일컬어진다. 그렇기에 개인의 감정을 사물에 투영하게 되면 본래의 모습을 잃게 되기 때문에, 개인의 감정을 조절하거나, 억제하거나, 심지어 제거해야 할 필요가 있다고 하였다. 본래의 '정', 즉 인간의 본성은 좋은 것, 때로는 사사로운 것을 따라가려는 특성 때문에 자신의 본성을 지키는 측면에서 논의된다. 그리고 본성은 외부의 귀 밝음[聰], 눈 밝음[明], 인(仁), 의(義), 예(禮), 음악[樂], 성인[聖], 지혜[知]의 영향을 받아 온전한 자신을 드러내기가 어렵다. 그렇기에 사사로운 감정에 휩쓸리거나, 자신에게 주어진 본성[德]만을 고집하는 자세도 『장자』에 있어서는 한계라고 할 수 있다.

세 번째, '지(知)'의 경우는 한정된 앎이라는 것으로, '성심(成

心)'과 '소지(小知)'에 대하여 논의했다. 『장자』에서 앎[知]은 마음에서 비롯한다고 말한다. 필자는 부정적 측면에서 심에 대해 논의한바, '성심'은 선지식, 선입견의 측면으로 접근하였다. 이 때문에 어떤 것을 절대적 진리로서 작용하게 만들기도 하고 고정된 사고 체계를 명제화하는 것이라 했다. 이 한계를 넘어서기 위해서는 유연한 마음과 사고를 지녀야 하는데 이를 '허심(虛心)'이라고 언급하였다. 나아가 성심의 작용의 결과물인 '소지'는 실천적 느낌을 준다. 세속적인 것은 말할 것도 없을뿐더러, 사물의 본질을 훼손하는 미사여구와 같이 고유성을 간과하는 치장으로서 여겨진다. 그리고 소지의 작용을 협소한 지식이라고 간주하였다.

4장에서는 자연 개념을 통해 본 심미적 관점의 극복이 어떠한 방향으로 드러나고 있는지 살펴보았다. 그리고 3장의 한계의 개념을 극복할 수 있는 측면을 논하였다. 사실 애써 구분하자면, 4장은 전체적으로 심미적 경향이 뚜렷하다. 그렇기 때문에 심미적 관점으로 접근할 때, 『장자』에서 어떻게 표현되고 우리에게 전달하는지 알아보고자 했다. 이 장은 예술활동의 전반과 밀접하게 논의되었다고 볼 수 있다. 인식의 방법은 자연 상태에 놓였을 때 위에 언급한 세 개념이 발동되었을 때를 논의했다.

첫 번째, '무대(無待)'와 '무언(無言)'이 사물의 한계를 초월하는 입장에서 서술되었다. '무대'는 사물의 온전함을 보기 위해서 비교를 통해 사물의 존재를 인식하는 것이 아니라 그 자체로서 인식하길 바라는 것이다. 또한 무언은 '말하지 않음[不言]'을 강조하며 어떠한 것도 지시하고 시비를 논하는 일은 하지 말 것을 강조한다. '말하지 않는 것[無言]'은 사물을 편견 없이 바라볼 수 있는 중요한 조건이기 때문이다.

두 번째, '정'을 극복할 수 있는 것은, 정을 비워내는 '무정(無情)'과 '허정(虛靜)'의 측면에서 서술되었다. 두 의미가 비슷한 양상을 띠나 '허정'에 무게를 실어 논의하였다. 허정은 『장자』 텍스트에 언급된 바는 없으나, 장자사상 전체를 어울러 보면 비울 것을 요청하는 의미로 작용한다. '허정'은 우리의 감정과 선험적 지식을 비워냄으로 시작하고, 이에 허정한 상태에 이르러 심미적임을 경험할 수 있다고 보고 있다. 필자도 마찬가지로 허정한 상태가 심미적 관점의 시발점이라고 보고 있다.

세 번째, '지'를 극복하는 것에 있어서는 '진지(眞知)'와 '대미(大美)'를 통해 심미적 관점의 논의를 완성하고자 했다. 심미라는 것을 완성한다는 표현이 어폐가 있지만 본서를 정리했다는 의미로서 표현한 것이다. '진지'는 장자가 추구하는 인식의 경계이며 지켜야 할 본래의 것[本性]이다. 이는 성인과 비견할 만한 지식이라고 볼 수 있다. 이것은 차별이 없는 앎으로 인간이 능히 행할 수 없는 경계이다. 이러한 지식의 접근은 심미적 관점에서 살펴볼 수 있을 것이다. 이와 같은 맥락으로 보면 아름다움에 대해서 접근하면 '대미'라고 할 수 있다. 진정한 아름다움으로서 도의 아름다움 혹은 자연의 아름다움으로 어디에 얽매여 있는 아름다움이 아니다. 이것이 진정한 심미적 아름다움이라고 감히 말할 수 있을 것이다. 이렇듯 『장자』에서 심미적 관점으로 접근하다 보면, 우리의 감식안 문제도 대두된다. 감식안은 경험에서 우러나오고 작품을 '자연' 그대로의 '본성'으로 본다면 우리의 사물을 보고 이해하고 체득하는 혜안은 넓어질 것이다.

'자연'은 심미적으로 보아야 마땅한 개념이다. 그렇기에 『장자』의 '자연'을 '화(化)'의 측면으로 접근할 수 있는 것이다. 『장자』의

'자연'은 어떠한 개념으로도 정의할 수 없다. 그렇기에 우리는 심미적으로—편견 없이— 보아야만『장자』의 '자연'을 온전히 이해할 수 있을 것이다. 이렇듯『장자』텍스트를 살펴보면 단편적인 이야기일지라도 각 주제와 분야(개념)들이 일관성을 유지하며 연결되어 있다. 그렇기에 본서는 물·정·지에 대한 한계뿐만 아니라 극복방향에 대해서도 전체적으로 하나를 향해 나아간다. 결과로 보면『장자』텍스트는 '자연'을 이야기한다. '자연'은 어떠한 개념으로도 이해 가능하기 때문이다.

따라서 본서의 목적인, 오늘날의 예술이 무엇이고 그 안에서 가치를 어떻게 찾을 것인가에 대한 답은 여기에 있다.『장자』의 '자연' 개념을 중심으로 심미적 관점의 한계와 극복방법에 대해서 살펴보면, 한계는 개체적 느낌이 강하며 개별성이 독단적인 개념으로 이해되었다. 반면, 극복방법은 온전히 바라보거나 존재하도록 비워두는 것으로 이해되었다. 그것은 편견이 없고 선험적 영향을 받지 않기 때문일 것이다. 그렇기에 심미적 관점인 '편견 없는 시각'은 '저절로 그러하지만 경험에 의해 촉발되는 순간'이라고 정의한 '자연'으로 한계를 극복할 수 있었다. 마찬가지로 예술작품을 마주했을 때에도 우리 앞에 놓인 사물 혹은 작품을 그대로 인식 가능한 것은 자연에 의한 것이고, 자연을 온전히 받아들여야 나만의 심미적 가치를 발견할 수 있다.

참고문헌

1. 원전류 · 번역서

『莊子』
김학목 역, 『노자 도덕경과 왕필의 주』, (서울: 홍익출판사), 2012, 개정판 1쇄.
박세당, 전현미 역, 『박세당의 장자, 남화경주해산보 내편』, (서울: 예문서원), 2012.
안동림 역, 『莊子』, (서울: 현암사), 2012, 개정2판 3쇄.
안병주 · 전호근 공역, 『莊子1』, (서울: 전통문화연구회), 2012.
_____, 『莊子4』, (서울: 전통문화연구회), 2012.

2. 단행본

강신주, 『莊子: 타자와의 소통과 주체의 변형』, (경기: 태학사), 2012.
국립국어연구원, 『표준국어대사전』, (서울: 두산동아), 1999.
마르크 파르투슈, 김영호 역, 『뒤샹, 나를 말한다』, (경기: 한길아트), 2007.
미셸 푸코, 이규현 역, 『말과 사물』, (서울: 민음사), 2012.
미학대계간행회, 『미학의 역사』, (서울: 서울대학교출판문화연구원), 2013.
_____, 『미학의 문제와 방법』, (서울: 서울대학교출판문화연구원), 2013.
박이문, 『예술철학』, (서울: 문학과 지성사), 2011.
福永光司, 이동춘 · 임헌규 역, 『莊子-고대 중국의 실존주의』, (경기: 청계), 1999.
송영배, 『고대중국 철학사상』, (서울: 성균관대학교출판부), 2014.
수지 개블릭, 천수원 역, 『르네 마그리트』, (서울: 시공아트), 2011.
쉬푸관, 권덕주 역, 『중국예술정신』, (서울: 동문선), 2000.
신성열, 『노장의 예술철학』, (경기: 한국학술정보), 2010.
신정근, 『동양철학이 뭐길래?』, (서울: 동아시아), 2013.
안대회, 『궁극의 시학』, (경기: 문학동네), 2013.
안종수, 『동양의 자연관』, (경기: 한국학술정보), 2006.

오강남 역,『장자』, (서울: 현암사), 2009.
王世舜, 韓募君 編著,『老莊詞典』, (山東: 山東教育出版社), 1995.
왕카이, 신정근·강효석·김선창 공역,『소요유, 장자의 미학』, (서울: 성균관
　　대학교출판부), 2013.
움베르토 에코, 조형준 역,『열린 예술작품-카오스모스의 시학』, (서울: 새물
　　결), 1995.
이동철·최진석·신정근 엮음,『21세기의 동양철학』, (서울: 을유문화사),
　　2005.
이성희,『장자의 심미적 실재관』, (경기: 한국학술정보), 2008.
이정우,『개념-뿌리들』, (서울: 산해), 2008.
이중톈, 곽수경 역,『이중톈의 미학강의』, (경기: 김영사), 2011.
이희승 편저,『국어대사전』, (서울: 민중서림), 2000, 수정판 2쇄.
임태규,『장자 미학 사상』, (서울: 문사철), 2013.
정재현,『고대 중국의 명학』, (서울: 서강대학교출판부), 2012.
조민환,『중국철학과 예술정신』, (서울: 예문서원), 1998.
조원일,『고대중국의 사유세계』, (서울: 학문사), 2007.
조지 딕키, 오병남 역,『현대미학』, (서울: 서광사), 1990.
조지 레이코프, 유나영 역,『코끼리는 생각하지 마』, (서울: 삼인), 2006.
존 듀이, 박철홍 역,『경험으로서 예술 1』, (경기: 나남), 2016.
주량즈, 신원봉 역,『미학으로 동양 인문학을 꿰뚫다』, (경기: 알마), 2013.
하이데거, 오병남·민형원 공역,『예술작품의 근원』, (서울: 예전사), 1996.

3. 논문류

김갑수,「莊子의 自然觀」,『동양철학연구』, 제12집, 동양철학연구회, 1991.
김경희,「『장자』의 변(變)과 화(化)의 철학」, 이화여자대학교 박사학위논문,
　　2006.
김진근,「왕부지의『장자』풀이에 드러난 '무대' 개념 고찰」,『동양철학』, 제
　　36집, 한국동양철학회, 2011.
김항배,「장자의 지식론」,『도교학연구』, 제10집, 한국도교학회, 1992.
김형석,「장자의 즐거움」,『동양철학』, 제43집, 한국동양철학회, 2015.
김형중,「도가적 감정 이해의 전형(典型)」,『동양철학』, 제42집, 한국동양철학
　　회, 2014.

김 희, 「장자 자연관에 나타난 개체성 연구」, 성균관대학교 박사학위논문, 2010.

Diana Draganut, 「莊子의 知識과 眞知의 問題에 관한 硏究」, 연세대학교 석사학위논문, 2003.

류성태, 「莊子의 自然 · 人間의 관계」, 『도교문화연구』, 제12집, 한국도교문화학회, 1998.

배기동, 「한반도 후기 구석기 공작의 기원과 편년의 문제점」, 『아시아문화연구』, 제16집, 경원대학교 아시아문화연구소, 2009.

성춘택, 「한국 후기 구석기 유적의 시간층위 재고」, 『한국상고사학보』, 제46집, 한국상고사학회, 2004.

신순정, 「장자의 심성관과 이상적 인간」, 『철학논총』, 제88집, 새한철학회, 2017.

_____, 「자연과 생명공학-장자 자연주의와 사생관을 중심으로」, 『동양철학연구』, 제91집, 동양철학연구회, 2017.

신정원, 「장자 인식론의 미학적 사유-장자와 칸트의 대상인식을 중심으로」, 『인문과학』, 제65집, 성균관대학교 인문과학연구소, 2017.

이강수, 「장자의 지식론」, 『철학연구』, 제40집, 고려대학교 철학연구소, 1978.

_____, 「莊子의 自然觀」, 『민족문화연구』, 제15집, 고려대학교민족문화연구원, 1980.

이성희, 「莊子哲學의 실재관 연구-심미적 성격을 중심으로」, 부산대학교 박사학위논문, 2001.

_____, 「莊子사상에 나타난 미적 범주와 동양예술-氣를 중심으로」, 『동양문화연구』, 제10집, 영산대학교 동양문화연구원, 2012.

이승률, 「研究史를 통해서 본 中國 古代의 '自然'思想과 問題點 考察」, 『동양철학연구』, 제49집, 동양철학연구회, 2007.

이정숙, 「莊子의 逍遙편: 자연과 예술」, 『미학예술학연구』, 한국미학예술학회, 1995.

이종성, 「노자의 자연관」, 『동서철학연구』, 제24호, 동서철학연구회, 2002.

이지은, 「Marcel Duchamp 예술의 解體的 特徵 研究」, 성균관대학교 박사학위논문, 2014.

이진용, 「장자(莊子)의 감정과 공감의 문제」, 『한국철학논집』, 제46집, 한국철학사연구회, 2015.

이한상, 「莊子의 자연에 관한 연구」, 『사회과학연구』, 제16집, 호서대학교 사회과학연구소, 1997.

정 륜, 「장자와 역설」, 『대동철학』, 제6집, 대동철학회, 1999.

정세근, 「노장과 그 주석가들의 자연 개념의 형성과 변천」, 『도교문화연구』, 제13집, 한국도교문화학회, 1999.

정우진, 「『장자』에서 읽어낸 양생론과 생명관의 변화」, 『범한철학』, 제74집, 범한철학회, 2014.

정재현, 「후기 묵가의 명학 연구」, 『철학적분석』, 제3호, 한국분석철학학회, 2001.

조태섭, 「여인상의 변화로 본 유럽 후기 구석기시대 사람들의 미의식」, 『백산학보』, 제108호, 2017.

탁양현, 「장자의 예술정신-유(遊)를 중심으로」, 전남대학교 석사학위논문, 2008.

한창균, 「프랑스 후기 구석기시대의 사회와 예술」, 『박물관기요』, 제1집, 단국대학교 중앙박물관, 1986.

송현주 ——————————

학부에서는 서양화를, 대학원에서는 동양철학을 전공하였다.
장자연구로 문학석사학위를 받았으며, 개인전과 학술연구논문을 통해 저자만의 예술론을 정립하고 있다.
현재 저자는 그림과 글, 예술과 철학 사이를 자유로이 종횡하고 있다.

온전한 아름다움을 위한
장자 예술철학

초판인쇄 2019년 3월 29일
초판발행 2019년 3월 29일

지은이 송현주
펴낸이 채종준
펴낸곳 한국학술정보㈜
주소 경기도 파주시 회동길 230(문발동)
전화 031) 908-3181(대표)
팩스 031) 908-3189
홈페이지 http://ebook.kstudy.com
전자우편 출판사업부 publish@kstudy.com
등록 제일산-115호(2000. 6. 19)

ISBN 978-89-268-8776-9 93150